Buch

So manch einer würde lieber sterben, als vor einem großen Publikum eine Ansprache zu halten oder ein Geschäftsprojekt im Vortrag zu erläutern. Sowohl für Menschen, die plötzlich einmal mit dieser Aufgabe konfrontiert sind, als auch für solche, die sich für ihren nächsten Schritt auf der Karriereleiter systematisch auf das freie Sprechen und Redenhalten vorbereiten wollen, ist dieses Lehr- und Übungsbuch gedacht.

Die Autorin verfolgt mit ihrem klar strukturierten Rhetorikkurs nicht nur das Ziel, dem Leser Schritt für Schritt die Angst vor dem großen Auftritt zu nehmen, ihn die Vorbereitung seiner Vortragsweise zu lehren. Sie eröffnet mit diesem Training auch den Weg, Führungsqualitäten zu erwerben und dies vor Publikum zum Ausdruck zu bringen.

Autorin

Christine Harvey ist eine international erfolgreiche und von Firmenunternehmen gefragte Spezialistin für Verkaufs-, Motivations- und Rhetoriktrainings. Sie ist Autorin von fünf Büchern über persönliche Motivation im Wirtschaftsbereich, die in 23 Übersetzungen erschienen sind. Von Christine Harvey ist in Deutschland bereits erschienen: Erfolgsgeheimnisse zehn internationaler Spitzenverkäufer (Landsberg 1991).

Christine Harvey
POWER TALK

Erfolgreich reden mit Charisma
und Überzeugungskraft

Aus dem Amerikanischen von Annemarie Pumpernig
und Martina Weinhandl

GOLDMANN VERLAG

Die Originalausgabe erschien unter dem Titel
»Public Speaking & Leadership Building«.

Deutsche Erstausgabe

Umwelthinweis:
Alle bedruckten Materialien dieses Taschenbuches
sind chlorfrei und umweltschonend.

Der Goldmann Verlag
ist ein Unternehmen der Verlagsgruppe Bertelsmann

Deutsche Erstausgabe März 1996
© 1996 der deutschsprachigen Ausgabe
Wilhelm Goldmann Verlag, München
© 1994 der Originalausgabe Christine Harvey
Umschlaggestaltung: Design Team München
Druck: Presse-Druck Augsburg
Verlagsnummer: 13899
Lektorat: Sabine Schubert
Redaktion: Wieland Eschenhagen
DTP-Satz und Herstellung: Barbara Rabus
Made in Germany
ISBN 3-442-13899-X

10 9 8 7 6 5 4 3 2 1

Für Sie.
Für Sie, der/die Sie dies lesen.
Für Sie, der/die Sie dies lesen und anwenden.

CHRISTINE HARVEY

*»Hier ist ein Test, mit dem Sie herausfinden
können, ob Ihre Mission auf der Erde beendet ist:
Wenn Sie am Leben sind, ist sie es nicht.«*

RICHARD BACH

Inhalt

Einleitung: Weshalb dieses Buch geschrieben
wurde und wozu es Ihnen dienen kann 9

Teil I
AUTORITÄT

1 Das Yin und Yang des Führungsstils 17
2 Augenkontakt 24
3 Sichere effektvolle Körperhaltung 30
4 Gehen als Ausdrucksmittel 34
5 Intensivieren Sie Ihre Energie 38
6 Durch Gesten beeindrucken 43

Teil II
KLARHEIT UND GLAUBWÜRDIGKEIT

7 Wie Sie Ihre Stärken und Erfahrungen
  nutzen können 53
8 Die Kraft der Beweise 61
9 Emotionale Beweise 66
10 Logische Beweise 72
11 Worum geht es eigentlich? 76
12 Strukturieren Sie Ihre Rede 80

Teil III
EFFEKT UND EINDRUCK

13 Wie Sie vermeiden, sich zu blamieren 89
14 Meisterhaft improvisieren 93
15 Die Unsterblichkeit von Geschichten und Episoden 102
16 Analogien prägen Ihre Botschaft ein 109

Teil IV
**AUFMERKSAMKEIT GEWINNEN,
SPANNEND BLEIBEN**

17 Was Sie tun und was Sie lassen müssen 117
18 Fragen Sie! 120
19 Wie Sie Ihr Publikum mit einbeziehen 127
20 Demonstrationen und Vorführungen 131
21 Ein Versprechen steigert die Spannung 135
22 Sprechtechniken 139

Teil V
**ACHT ESSENTIELLE ASPEKTE
DER ÖFFENTLICHEN REDE**

23 Typen von Reden – Komposition und
   Ausgewogenheit 155
24 Emotionen und Humor 165
25 Fragen und Antworten 174
26 Einleitungen: Sie selbst und andere Redner 178
27 Ein Dank dem Referenten 186
28 Überreichen und Entgegennehmen von
   Auszeichnungen 190
29 Die Arbeit mit Dolmetschern 198
30 Machen Sie sich auf seltsame und wunderbare
   Dinge gefaßt 205

   Stichwortverzeichnis 211

Einleitung

Weshalb dieses Buch geschrieben wurde
und wozu es Ihnen dienen kann

> »Die Menschen fürchten sich vor dem Reden
> in der Öffentlichkeit mehr als vor dem Tod.«

Dieser Satz überzeugte mich, meine Ängste leichter überwinden und meine Ziele eher erreichen zu können, wenn ich lernte, vor Publikum zu sprechen.

Als mir dieses Zitat zu Ohren kam, war ich 22 Jahre alt. Ich hatte gerade eine Stelle als Lehrerin an einer High School bekommen, und die Vorstellung, vor den Schülern zu stehen, versetzte mich in Angst und Schrecken. Es gab soviel, was ich ihnen beibringen wollte, aber meine Knie schlotterten, wenn ich daran dachte, wie ich vorn am Lehrerpult stehen würde. Damals faßte ich bewußt jenen Entschluß, der mein Leben verändern sollte: Ich beschloß, das Sprechen vor Publikum zu lernen.

Seit damals habe ich vor 750 Menschen in einem weiträumigen Amphitheater gesprochen, vor 450 Bankern auf einer flutlichterleuchteten Bühne und vor dem Parlament der Tschechoslowakei. Es fällt mir schwer, mir vorzustellen, wie sehr ich mich einmal vor dem Reden gefürchtet habe, und wie anders mein Leben heute aussehen würde, wenn ich diese Angst nicht überwunden hätte.

Wie ich schon in meinem ersten Buch, »Your Pursuit of Profit«, geschrieben habe – wenn wir in unserem Leben Fortschritte machen wollen anstatt zu stagnieren, müssen

Einleitung

wir das überwinden, was ich als »Schwellenangst« bezeichne. Genau wie ein jungverheiratetes Paar, das die Schwelle seines neuen Heims überschreitet, die den Beginn seines gemeinsamen Lebens symbolisiert, müssen wir die Schwelle unserer Angst überwinden, wenn wir uns irgendeinem neuen Aspekt des Lebens stellen wollen. In den Worten von Tony Robbins: »Um im Leben zur nächsthöheren Ebene aufzusteigen, müssen wir uns darüber klarwerden, daß jenes Rezept, mit dem wir bis hierher gekommen sind, uns nicht dorthin bringen wird, wohin wir wollen.«

Ihre bisherigen Aktivitäten haben Sie dorthin gebracht, wo Sie heute stehen, und das ist gut so. Aber wenn Sie weiterkommen wollen, müssen Sie die Dinge anders anpacken. Normalerweise bedeutet das, daß sie einige Ängste überwinden müssen – meist sogar eine ganze Menge. Wenn Sprechen vor Publikum für die meisten von uns stärker angstbesetzt ist als der Tod, werden Sie, wenn Sie diese Angst überwinden, Selbstvertrauen gewinnen, das sich auf alle Bereiche Ihres Lebens auswirkt.

Keine Führung ohne Rede

Kann eine Führungskraft überzeugen, überreden, ihren Standpunkt vermitteln, Menschen dazu bringen, einer Strategie zu folgen oder sie dazu zu motivieren, ihr Bestes zu geben, ohne daß die Führungskraft dabei reden müßte? Nein, natürlich nicht. Dieses Buch wurde für Sie geschrieben, denn Sie wollen sich selbst und Ihr Potential weiterentwickeln. Jeder Aspekt des Buches steht in Zusammenhang mit Persönlichkeitsentwicklung und Entwicklung von Managementfähigkeiten. Selbst wenn Sie niemals vor einer Gruppe sprechen sollten, können Sie diese Prinzipien in jedem Bereich Ihres täglichen Lebens anwenden. Wir stehen jeden Tag vor der Herausforderung, andere zu überzeugen oder unseren Standpunkt zu vermitteln, sei es gegenüber dem Chef oder im Gespräch mit dem Installateur oder Automechaniker. Je besser Sie Ihre Rede- und Kommunikationsfähigkeiten entwickeln, desto leichter und lohnender wird das Leben für Sie sein. Das Tor zur erfolgreichen Führungskraft steht nur jenen offen, die ihre Ideen auf überzeugende Weise vermitteln können.

Weshalb dieses Buch geschrieben wurde und wozu es Ihnen dienen kann

Wenn Sie optimal profitieren wollen

In unseren Kursen über das Sprechen vor Publikum sagen unsere Kursteilnehmer: »Ich bin überrascht, wie wenig angsterregend das Umfeld hier ist. Ich habe mich kein einziges Mal gefürchtet. Alles war so positiv.« Ein anderer sagte: »Ich hatte erwartet, daß man mir alles sagen würde, was ich falsch machte. Aber statt dessen wurde uns gesagt, was wir richtig machten. Ich konnte in dieser Atmosphäre ungeheuer viel lernen.«

In den folgenden Kapiteln finden Sie einige dieser Übungen, die Ihnen helfen werden, Ihre Fähigkeiten und Ihr Selbstvertrauen weiterzuentwickeln. Mein Rat: Hören Sie, sobald Sie zu einer Übung kommen, auf zu lesen, und machen Sie die Übung. Beschaffen Sie sich ein Notizbuch für Ihre Eintragungen. Dieses Büchlein wird zu einem wertvollen Nachschlagewerk für Sie werden, in dem Sie in Zukunft nachsehen können, wenn es um das Redenhalten oder um Führungsqualitäten geht.

Seien Sie nicht selbstkritisch. Konzentrieren Sie sich stattdessen lieber auf Ihre Stärken. Denken Sie daran, wie es ist, wenn wir als kleine Kinder laufen lernen. Wir machen ein paar Schritte, und unsere Eltern klatschen in die Hände. Sie sind begeistert. Sie überschütten uns mit ermunternden

Einleitung

Zurufen. So müssen Sie jetzt mit sich selbst umgehen. Eltern warten nicht, bis ihre Kinder hinfallen, um dann zum Kind zu sagen: »Ungeschickt!«. Wenn sie das täten, würde das Kind nicht zum Laufen ermutigt.

Sie müssen es ebenso machen wie die enthusiastischen Eltern. Loben Sie sich. Suchen Sie nach den positiven Aspekten Ihrer Arbeit, wenn Sie die nachfolgenden Übungen machen. Nach zahlreichen Übungen zum Sprechen vor Publikum werde ich Ihnen eine Übung zur positiven Verstärkung aufgeben. Übergehen Sie diese Übung nicht. Heben Sie sie nicht »für später« auf. Machen Sie sie unmittelbar nach der jeweiligen Übung, so daß Sie sich selbst dieselbe positive Umgebung schaffen, die in unseren Kursen geboten wird. Das ist das Umfeld, in dem Erfolg produziert wird. Im Gegensatz dazu führt eine negative oder kritische Umgebung zu Mißerfolg.

Ihre Zukunft

Nehmen Sie sich einen Moment Zeit, und denken Sie über Ihre eigene Situation nach. Wenn Sie alle Ihre Ängste überwinden könnten, was würden Sie dann mit Ihrem Leben anfangen? Wenn nichts, absolut nichts Sie zurückhielte, was würden Sie tun? Welche Talente könnten Sie einsetzen oder entwickeln, um anderen Menschen oder der Welt zu helfen? Welche Befriedigung oder Freude könnte Ihnen das Leben bieten? Nehmen Sie sich einen Augenblick Zeit, und denken Sie darüber nach …

Sind Sie nun bereit anzufangen? Die Reise, die vor Ihnen liegt, ist nicht bedrohlich, aber sie wird Sie in eine völlig neue Welt führen. Eine Welt der Erfüllung, von der andere nur träumen können. Blättern Sie also jetzt weiter, und stürzen Sie sich in das Abenteuer. Aber bedenken Sie: Das Leben sieht keine Generalproben vor. Sie können ebensogut das Optimum daraus machen. Wenn Sie sich selbst weiterentwickeln, beeinflußt Ihre Entwicklung andere Menschen, und diese beeinflussen wieder andere. Ein positiver Zyklus wird initiiert. Die ganze Sache ist keineswegs egoistisch – ganz im Gegenteil. Die Talente entwickeln zu können, die Sie mitbekommen haben, ist ein großes Privileg – eines, das die meisten Menschen nicht zu würdigen wissen.

Weshalb dieses Buch geschrieben wurde und wozu es Ihnen dienen kann

Ich bin gerade unterwegs zu einer Rednerkonferenz und schreibe für Sie in meinem »zweiten Heim«, einer TWA-Maschine auf dem Flug über den Atlantik, und ich muß eben an eine andere Reise denken, während derer ich zu diesem Buch inspiriert wurde. Ich war gerade unterwegs nach China, unmittelbar nachdem ich eine Reise in die ČSFR unternommen hatte, auf der ich von mehreren Leuten gefragt worden war: »Wann werden Sie ein Buch über das Reden vor Publikum schreiben?« In China hatte ich drei Wochen Zeit, um über diese Frage nachzudenken. Ich nahm den Vorschlag an und entwarf im Geist den Inhalt des Buches, wobei ich mich von dem künstlerischen Hintergrund Chinas, der viertausendjährigen Geschichte seines Volkes und der Integration von Geist und Körper inspirieren ließ. Das ist der Grund dafür, daß Sie beim Lesen auf Verweise auf die chinesische Philosophie und tschechische Erfahrungen stoßen werden.

Ich wünsche Ihnen den bestmöglichen Erfolg bei all Ihren Träumen. Wovon immer Sie träumen, es muß das Richtige für Sie sein. Warum ich das sage? Weil es Ihr Traum ist und niemandes sonst.

Sie können es schaffen. Der Schlüssel zum Erfolg liegt in Ihren eigenen Händen.

CHRISTINE HARVEY

AUTORITÄT

Teil 1

Das Feuer und der Geist Ihrer Präsentation

Die Autorität, die Sie durch Augenkontakt, Haltung, Energie und Gestik vermitteln, ist das Feuer und der Geist Ihrer Präsentation.
In diesem Abschnitt werden Sie lernen, einen starken ersten Eindruck zu machen *und* mit Autorität zu sprechen, sei es bei einem Managementmeeting oder vor einem zahlreichen und anspruchsvollen Publikum.

1 Das Yin und Yang des Führungsstils

> »Der wirklich tugendhafte Mensch, der nach Erfolg für sich selbst strebt, strebt danach, anderen zu helfen.«   Konfuzius

Vielleicht haben Sie nie an die Möglichkeit gedacht, es könnte anderen helfen, wenn Sie redeten oder sich Führungsqualitäten aneigneten. Aber lassen Sie es sich doch einmal durch den Kopf gehen.

Denken Sie zuerst an Ihre Arbeit oder Ihre engere Umgebung. Wenn Sie an einem Meeting teilnehmen und selbstbewußt genug sind, Ihre Ideen zu artikulieren, wird dies für alle hilfreich sein. Wenn Sie die Idee in Ihrem Kopf einschließen, kann die Gruppe nichts damit anfangen.

Ihre Zukunft

Denken Sie jetzt an Ihre Zukunft. Wenn es Ihnen gelänge, Ihre Redefertigkeiten wirklich zu entwickeln, welche Ihrer sonstigen Talente könnten Sie dann einsetzen, um anderen Menschen zu helfen? Was mich betrifft, so weiß ich beispielsweise, daß ich über die besondere Gabe verfüge, anderen Menschen dazu zu verhelfen, das Beste in sich selbst zu erkennen. Es ist möglich, daß Sie nach meiner fünfundvierzigminütigen Rede nach Hause gehen und davon überzeugt sind, Ihre kühnsten Träume verwirklichen oder ein geschäftliches Ziel erreichen zu können, das Ihnen zuvor unerreichbar schien. Aber wie vielen Menschen könnte ich

*Teil I
Autorität*

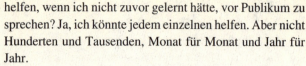

helfen, wenn ich nicht zuvor gelernt hätte, vor Publikum zu sprechen? Ja, ich könnte jedem einzelnen helfen. Aber nicht Hunderten und Tausenden, Monat für Monat und Jahr für Jahr.

Für Sie gilt genau dasselbe. Was für Talente Sie auch immer haben mögen, Sie können anderen Menschen weit besser helfen, wenn Sie in der Öffentlichkeit sprechen und Ihr Selbstvertrauen weiterentwickeln. Und wenn Sie anderen helfen, dann helfen Sie auch sich selbst. Es ist ein Spiel, bei dem es nur Gewinner gibt.

In diesem Abschnitt werden wir Ihnen zeigen, wie Sie auf nonverbalem Weg Autorität und Glaubwürdigkeit vermitteln können. Ihre Reden werden feurig und lebhaft.

Haben Sie jemals jemanden mit großem Enthusiasmus sprechen gehört, und sei es auch bei einem geschäftlichen Meeting gewesen? Haben Sie bemerkt, daß die Menschen, die mit diesem Enthusiasmus sprechen, diejenigen sind, die am häufigsten ihren Standpunkt durchsetzen?

Ich behaupte nicht, daß deren Sicht der Dinge notwendigerweise die beste ist. Sie kann es sein oder auch nicht. Ich sage nur, daß ein Zusammenhang zwischen Enthusiasmus und der Unterstützung besteht, die einem andere Menschen zuteil werden lassen. So ist es doch, oder etwa nicht? Als Sie noch nicht damit begonnen hatten, das Reden vor Publikum zu erlernen, dachten Sie wahrscheinlich, daß dieser Enthusiasmus eine magische, charismatische Qualität hat, mit der ein Mensch schon geboren werden muß.

Ein Mann kam nach einer Rede, die ich in Brüssel gehalten hatte, zu mir und fragte mich nach meinem Charisma, als handle es sich um eine magische Eigenschaft, die nur ich und einige wenige andere Menschen auf der Welt besäßen. Aber ich kann Ihnen versichern, daß hier keinerlei Magie im Spiel ist. Ich vermittle Charisma durch bestimmte Redetechniken, und das können Sie ebenso. Sie können schon heute damit beginnen und es von nun an in jedem Telefongespräch, in jedem einzelnen geschäftlichen Meeting und in jeder Rede tun, Ihr ganzes restliches Leben lang. Diese Qualität allein wird Ihnen zu einer besseren Stellung in Ihrem Berufsleben verhelfen und Farbe in Ihre Beziehungen zu anderen Menschen bringen – eine Folge Ihres Charismas.

Charisma ist auch eines der Merkmale einer Führungspersönlichkeit. Führung: was bedeutet dieser Begriff? Ist eine Führungspersönlichkeit nicht ein Mensch, dem andere folgen? Charisma: ist das nicht etwas, was Menschen anzieht wie ein Magnet? Um Erfolg zu haben, zieht eine Führungspersönlichkeit zuerst Menschen an sich heran.

Sehen wir uns einmal die folgende Tabelle an. Sie zeigt drei Aspekte des Redens, die unsere Zuhörer beeinflussen.

Die Kraft des nonverbalen Ausdrucks

Unsere Zuhörer beeinflussen wir durch	
Worte, zu	_____ %
Stimme, zu	_____ %
Nonverbales, zu	_____ %
	100 %

Versuchen Sie, den Prozentanteil des Einflusses jedes dieser Faktoren auf unsere Zuhörer abzuschätzen. Sind Sie beispielsweise der Meinung, daß wir zu 80% durch Worte, zu 15% durch Stimme und zu 5% durch nonverbale Kommunikation beeinflussen? Wenn dem so ist, dann schließen Sie sich dem Tip an, den die meisten Menschen beim ersten Raten abgeben.

*Teil I
Autorität*

Aber die Wissenschaft widerspricht dieser Meinung.

Sehen Sie sich die Tabelle noch einmal an, und denken Sie an diese enthusiastischen Redner, denen es wieder und wieder gelingt, ihre Ansichten durchzusetzen. Sind es tatsächlich ihre Worte, die ihnen zum Erfolg verhelfen? Oder ist es die Art und Weise, wie sie ihre Stimme einsetzen und die Worte aussprechen? Oder ist es die Art, wie sie auch ihren Körper einsetzen, um die Worte zu transportieren – beispielsweise ihr Gesichtsausdruck, die Haltung, mit der sie sitzen oder stehen, die Energie, die sie ausstrahlen? Raten Sie jetzt noch einmal. Meinen Sie jetzt, daß die Worte 50% ausmachen, die Stimme 25% und nonverbale Anteile ebenfalls 25%? Oder vielleicht schätzen Sie den Einfluß der Stimme und des Nonverbalen höher ein. Lesen Sie weiter, und lassen Sie sich von der Wahrheit überraschen, die die Wissenschaftler herausgefunden haben.

Unsere Zuhörer beeinflussen wir durch	
Worte, zu	7 %
Stimme, zu	38 %
Nonverbales, zu	55 %
	100 %

Hatten Sie ein anderes Ergebnis erwartet? Wenn ja, dann vielleicht deswegen, weil wir in der Schule lernen, uns auf Wissen und Lernen und damit auf Worte zu konzentrieren. Natürlich ist auch das notwendig. Wir müssen wissen, worüber wir sprechen, und wir müssen die Worte wählen, die am besten geeignet sind, unsere Gedanken wiederzugeben. Aber was uns diese Prozentsätze sagen, ist, daß unsere Zuhörer Menschen sind, die Situationen und andere Menschen über eine ganze Reihe von Sinnen wahrnehmen. Sie verarbeiten nicht nur einfach die Worte wie ein Computer. Sie werden vom Tonfall, von der Aufrichtigkeit und der Überzeugung, die in unserer Stimme mitschwingen, beeinflußt. Die Art, wie wir uns bewegen, unsere Haltung, die Energie, die wir ausstrahlen und die Überzeugung in unseren Augen, unserem Gesicht, unserem Körper vermitteln unseren Zuhörern den Eindruck, daß wir glaubwürdig sind.

*1
Das Yin
und Yang
des Führungsstils*

Selbsterfahrung

Wenn diese Statistiken Ihnen zu denken gegeben haben, hören Sie jetzt auf zu lesen, und schalten Sie den Fernseher ein. Beobachten Sie zwei oder drei verschiedene Präsentatoren oder Schauspieler. Sie werden einen großen Unterschied hinsichtlich der Art und Weise feststellen, wie diese Personen sich darstellen. Denken Sie jetzt an Menschen, die Sie kennen und die über ein hohes Maß an Glaubwürdigkeit und Überzeugungskraft verfügen und ihren Standpunkt immer durchsetzen. Welche Gemeinsamkeiten fallen Ihnen auf? Notieren Sie die Dinge, die Ihnen dazu einfallen, in Ihrem Notizbuch. Tragen Sie dieses Notizbuch oder Heft bei sich, und tragen Sie während der nächsten sieben Tage alles ein, was Sie an anderen Menschen beobachten und was wirksam ist. Beobachten Sie Gesicht, Hände, Körperhaltung, Bewegung, Energie, Augenkontakt. Notieren Sie alles, was Ihnen effektiv und was Ihnen ineffektiv zu sein scheint.

*Teil I
Autorität*

Setzen Sie Ihre Mittel bewußt und spezifisch ein

Versuchen Sie alles, was Ihnen begegnet, so genau wie möglich zu beobachten. Ich erinnere mich an einen meiner Kunstprofessoren, der uns eine Muschel skizzieren ließ. Als wir fertig waren, ließ er uns vier Quadratzentimeter der Oberfläche der Muschelschale aussuchen und forderte uns auf, jede feine Linie und jeden Haarriß zu zeichnen. Es war erstaunlich, um wieviel mehr wir sahen, als wir uns auf die Details konzentrierten.

In unseren Kursen über das Sprechen vor Publikum und in unseren Kursen für Trainer ist mir aufgefallen, daß die Teilnehmer zuerst sagen: »Mir gefielen seine Handbewegungen«. Aber später, wenn wir gelernt haben, uns auf Details zu konzentrieren, sagen sie: »Ich mochte die Art, wie er sich jedesmal, wenn er sagte, er denke nach, mit dem Zeigefinger an die Stirn tippte«. Fällt Ihnen der Unterschied auf? Die erste Aussage ist allgemein gehalten, so wie unsere erste oberflächliche Skizze der Muschel. Wir hatten noch nicht gelernt, uns auf die feinen Details zu konzentrieren. Die zweite Aussage war spezifisch. Versuchen Sie, wenn Sie beobachten und sich Notizen machen, so spezifisch wie möglich zu sein. Das Ausmaß, in dem Sie sich selbst lehren, Details zu erkennen, ist direkt proportional zu dem Maß, in dem Sie lernen werden, die Techniken selbst einzusetzen. Sie können nicht etwas anwenden, dessen Existenz Sie gar nicht wahrnehmen.

Sind Sie nun bereit, die einzelnen Schritte zu erlernen, die es Ihnen ermöglichen, Ihre Reden mit Feuer und Geist zu erfüllen? Dies sind die Faktoren, die Ihre Überzeugungskraft zu 55% bestimmen. Denken Sie, daß es sich lohnt, diese Schritte zu erlernen? Lassen Sie es mich so ausdrücken: Sie haben 12 bis 16 Jahre Ihres Lebens oder noch mehr in der Schule verbracht und dort *Worte* gelernt, die nur 7%

Ihrer Überzeugungskraft ausmachen. Wenn Sie Ihre Effektivität in den nächsten zwei Stunden verdreifachen könnten, wäre das nicht der Mühe wert?

Das Material in den folgenden Kapiteln wird in enormem Maß zur Weiterentwicklung Ihrer Autorität, Ihres Selbstvertrauens und Ihrer Führungsqualitäten beitragen. Sie werden es einfach finden, und es wird Ihnen Spaß machen. Sind Sie bereit? Dann los!*

1 Das Yin und Yang des Führungsstils

---

* Legen Sie ein persönliches Notizbuch an. Es wird Ihnen als Referenz für die Entwicklung Ihrer Redefertigkeiten und Ihrer Führungsqualitäten dienen. Verwenden Sie es für Übungen, positives Feedback und Dinge, die Sie sich merken wollen.

2 Augenkontakt

Bei einer unlängst durchgeführten Bewertung, die Zuhörer bei Live-Veranstaltungen durchführten, wurde festgestellt, daß die Leute, die keinen Augenkontakt zum Sprecher hatten, dessen Effektivität um 40% niedriger bewerteten als jene Personen, die Augenkontakt hatten.

Lernen Sie Augenkontakt herzustellen

Wählen Sie einen Raum aus, in dem Sie im Augenblick arbeiten wollen. Wenn Sie mehrere Räume zur Verfügung haben, entscheiden Sie sich für den größten. Wenn es ein kleines Zimmer ist, ist das auch in Ordnung. Ich werde Ihnen sagen, wie Sie vorgehen sollten.

Stellen Sie sich an ein Ende des Raumes. Stellen Sie sich vor, daß Sie vor einem Raum voller Menschen stehen, die in Reihen vor Ihnen sitzen und in Ihre Richtung blicken. In der Mitte ist ein Gang, der auf Sie zuführt. Sie befinden sich genau in der Verlängerungslinie dieses Ganges. Stellen Sie sich vor, daß sich auf jeder Seite des Ganges je fünf Stühle befinden und daß es fünf Reihen gibt. Wenn der Raum dafür zu klein ist, stellen Sie sich einfach vor, er wäre größer.

Wählen Sie sich jetzt irgendeinen Satz, den Sie sagen wollen. Machen Sie sich im Augenblick keine Sorgen über Ihre Stimme. Wir arbeiten nur am Augenkontakt. Wenn Ihnen kein Satz einfällt, versuchen Sie es mit dem folgenden, den wir in unserem Kurs über das Sprechen vor Publikum verwenden:

»Wie viele Menschen, mit denen Sie in Ihrem Leben derzeit zu tun haben, warten darauf, daß Sie sie motivieren?« (Christine Harvey)

Sagen Sie den Satz jetzt, ohne dabei Augenkontakt zu halten. Sehen Sie einfach zur Decke oder auf den Boden, ungefähr so wie ein zerstreuter Professor, der vergessen hat, daß seine Klasse ja auch noch da ist.

Wiederholen Sie jetzt den Satz, blicken Sie dabei aber diesmal jede einzelne Person in Ihrer imaginären ersten Reihe an. Denken Sie daran, daß Sie zehn Personen pro Reihe haben. Sie werden beim Sprechen den Kopf drehen müssen.

Wiederholen Sie den Satz nun nochmals, und sehen Sie dabei jede Person in der letzten Reihe an.

Wiederholen Sie ihn zu guter Letzt noch einmal, und sehen Sie dabei alle an, von den Ecken bis in die Mitte des Zimmers, von der letzten bis zur ersten Reihe. Versuchen Sie, ob Sie es schaffen, mit allen Positionen Augenkontakt zu halten, während Sie den Satz einmal sagen. Wiederholen Sie ihn, und machen Sie das Ganze noch einmal.

Welchen Unterschied stellen Sie fest, je nachdem, ob Sie die Leute ansehen oder nicht? Konnten Sie spüren, wie sich Ihre Energie auf diese Menschen übertrug?

Die Macht der Bilder

Wenn Sie denken, daß diese Übung dumm ist, denken Sie über die folgende Studie nach, die an potentiellen Basketballspielern durchgeführt wurde: Die Forscher bildeten zwei Gruppen. Sie zeigten der ersten Gruppe ein Trainingsvideo und gaben den Gruppenmitgliedern einen Ball, mit dem sie üben konnten. Sie zeigten der zweiten Gruppe dasselbe Video, gaben ihr aber keinen Ball. Die Mitglieder der Gruppe zwei mußten visualisieren, daß sie den Ball in den Korb warfen.

Raten Sie einmal, welche Gruppe die besseren Ergebnisse auf dem Spielfeld erzielte, nachdem man beiden Gruppen gleichviel Zeit gegeben hatte, der einen, um physisch zu üben, der anderen, damit sie mental trainieren konnte. Richtig! Gruppe zwei – diejenigen, die den Erfolg visualisiert hatten.

Effektivität in Meetings

Transferieren Sie Ihre Augenkontakt-Visualisierungsübung jetzt auf ein Gruppenmeeting. Setzen Sie sich an einen Tisch, und stellen Sie sich vor, daß Ihre Kollegen um denselben Tisch sitzen. Sagen Sie jetzt Ihren Satz – Sie können denselben verwenden wie zuvor –, und sehen Sie jede einzelne Person an, während Sie sprechen. Zuerst die Person, die Ihnen gegenüber sitzt, dann blicken Sie nach links – schauen Sie direkt der Person in die Augen, die links neben Ihnen sitzt. Sie werden hierfür Ihren Kopf drehen müssen. Sehen Sie jetzt nach rechts. Vielleicht sitzt an der Stirnseite des Tisches ein Vorsitzender oder Ihr Chef/Ihre Chefin.

2 Augenkontakt

> Sehen Sie ihm/ihr direkt in die Augen, während Sie Ihren Satz sagen. Schauen Sie jetzt wieder zur gegenüberliegenden Seite, und sehen dann die Person an, die unmittelbar zu Ihrer Rechten sitzt, während Sie den Satz nochmals wiederholen.

Wie fühlen Sie sich dabei? Ein bißchen verlegen oder gehemmt? Wiederholen Sie das Ganze noch weitere fünfmal. Wenn Sie insgesamt sechs Übungsdurchgänge absolviert haben, werden Sie das Gefühl haben, ein Experte zu sein.

Üben Sie heute abend beim Essen, oder auch beim Mittagessen mit Ihren Kollegen oder Ihrer Familie; sprechen Sie dabei über irgend etwas Beliebiges. Wenn Sie allein sind, üben Sie, indem Sie ihren Satz sagen, so wie in dem Meeting in der oben stehenden Übung. Sie sollten nicht solange warten, bis Sie eine Rede zu halten haben, um den Augenkontakt zu üben. Entwickeln Sie jetzt Ihr Können. Es geht nur darum zu üben, damit Sie sich mit der Technik wohler fühlen, und dann darum, daß Sie daran denken, sie auch anzuwenden.

Denken Sie noch einmal an die Basketballspieler in der Gruppe zwei. Die Methode, die sie anwendeten, basiert auf dem Neurolinguistischen Programmieren. Die Basketballspieler sahen sich selbst dabei, wie sie den Ball in den Korb warfen, sie konnten den Ball in ihren Händen spüren, sie konnten hören, wie er gegen den Boden und gegen das Korbbrett prallte. Sie hörten das Geräusch des Balles, der gerade durch das Netz fiel.

Die Spieler betrachteten sich also sozusagen von innen heraus. Wenn wir sie dazu aufgefordert hätten, sich selbst aus der Perspektive ihres Coachs zu betrachten, dann hätten

Teil I
Autorität

sie sich selbst von außen gesehen. Das ist ein anderer Blickwinkel, aber genauso wirkungsvoll. Bevor wir irgend etwas im Leben tatsächlich tun, sehen wir uns zunächst unbewußt selbst dabei. Wir sehen uns von innen und auch von außerhalb. Was wir hier tun, ist ein bewußtes Beschleunigen des Prozesses.

Positives Feedback

Stellen Sie sich vor, daß eine andere Person Sie bei der Durchführung Ihrer Augenkontaktübungen beobachtet hat. Diese Person unterstützt Sie sehr. Ich habe ihr beigebracht, daß sie konkretes positives Feedback geben und Ihnen sagen soll, wie gut Sie bei jeder Übung abgeschnitten haben.

Stellen Sie sich jetzt vor, was diese Person gesehen hätte, als sie Sie beobachtete – wie Sie zuerst die erste Reihe ansahen, dann die letzte und dann die ganze Gruppe, von einer Ecke bis zur anderen. Stellen Sie sich dann vor, die Person hätte Sie mit den um den Tisch sitzenden Teilnehmern des Meetings sprechen sehen, während Sie sorgfältig darauf achteten, mit jedem einzelnen Augenkontakt herzustellen.

Stellen Sie sich vor, die Person hätte Sie dabei beobachtet, wie Sie ganz locker sprachen und von allen am Tisch sitzenden Leuten positiv aufgenommen wurden.

Notieren Sie jetzt die positiven Aspekte, die der Beobachter gesehen hat. Zum Beispiel: »Sie haben jeder am Tisch sitzenden Person direkt in die Augen gesehen, und das hat Ihre Wirkung verbessert.« Machen Sie jetzt diese Übung. Notieren Sie die positiven Aspekte dessen, was Sie gesehen haben, in Ihrem Notizbuch.

Versuchen Sie es. Es wird Ihnen gefallen. Die Resultate werden Sie möglicherweise überraschen. Jetzt, wo Sie das Problem des Augenkontakts bewältigt haben, können wir zur nächsten Ebene weitergehen.*

| 2
| *Augen-*
| *kontakt*

---

* Ihr persönliches Notizbuch mit Übungen, positiver Verstärkung und Dingen, die Sie sich merken wollen, wird Ihnen als Nachschlageheft in Sachen Techniken für das Reden vor Publikum und Aufbau von Führungsqualitäten dienen.

3 Sichere, effektvolle Körperhaltung

Stellen Sie sich einen Augenblick lang vor, wie ein zerstreuter Professor vor seiner Klasse auf und ab wandert. Vergegenwärtigen Sie sich, wie er ein wenig gebeugt geht, die Hände auf dem Rücken verschränkt, wie er vorne im Klassenzimmer hin und her marschiert und, während er spricht, zur Decke und auf den Boden sieht. Was ist es, das seine Schüler aufnehmen? Hören sie seine Worte, oder werden sie von seinem Verhalten abgelenkt?

Nehmen wir uns einen Rat von TV- und Filmproduzenten zu Herzen. Sie wissen, daß »das Auge des Zuschauers gefräßiger ist als das Ohr«. Das bedeutet, daß wir als Menschen, wenn wir unseren Gesichtssinn und unser Gehör einsetzen, durch die Dinge, die wir sehen, leicht von dem abgelenkt werden können, was wir hören.

Ziehen Sie nicht die falsche Aufmerksamkeit auf sich

Stellen wir uns einmal vor, daß ein Sprecher sich unbehaglich fühlt, wenn er vor einer Gruppe spricht. Er denkt, daß sich die Zuhörer entspannter fühlen werden, wenn er auf und ab geht, und daß sie irgendwie auch weniger auf ihn achten werden. Doch das Gegenteil ist der Fall. Durch das Gehen lenkt er die Aufmerksamkeit von den Inhalten, über die er spricht, weg und statt dessen auf seine physische Präsenz. Das ist üblicherweise das Letzte, was ein sich verlegen fühlender Sprecher tun möchte, doch er gefährdet seine Position, weil er unwissend ist. Das wird Ihnen nicht passieren.

Üben Sie eine selbstsichere Körperhaltung

Denken Sie an eine Situation aus Ihrer Kindheit, die Ihnen großen Spaß gemacht hat. Vielleicht lernten Sie das Skilaufen, oder Sie machten sich gemeinsam mit einem Cousin oder Ihrem Lieblingsonkel oder Ihrer Lieblingstante einen schönen Tag. Stellen Sie sich im Geist einige kurze Sätze vor – nur drei oder vier. Vergegenwärtigen Sie sich, wann und wo was passiert ist, und wie Sie sich dabei fühlten.

Suchen Sie sich jetzt einen Raum aus, und sprechen Sie dort Ihre Sätze. Stellen Sie sich vor, daß es zehn Reihen von Stühlen gibt. Jeweils fünf Stühle stehen auf der linken und auf der rechten Seite, und in der Mitte verläuft ein Gang, der genau auf Sie zu führt. Der Gang ist etwa 1,20 Meter breit. Sie stehen genau in der Verlängerung des Ganges an der vorderen Seite des Raumes, in einem angemessenen Abstand von der ersten Reihe. Wenn Sie tatsächlich Stühle haben, stellen Sie sie in Reihe eins auf.

Sprechen Sie jetzt Ihre Sätze, und halten Sie dabei permanenten Augenkontakt, so wie im vorigen Kapitel. Stehen Sie diesmal mit beiden Füßen fest auf dem Boden, und verteilen Sie Ihr Gewicht gleichmäßig auf beide Beine. Wie fühlen Sie sich dabei?

Stellen Sie sich vor, daß Ihre Füße wie die Wurzeln eines Baumes sind. Lassen Sie die Energie von der Erde in Ihre Füße strömen, in Ihren Kopf, wieder zurück in die Erde und dann wieder hinauf. Lassen Sie die Energie zwischen der Erde und Ihrem Kopf zirkulieren.

Achten Sie auf eine sichere Haltung, während Sie

sprechen. »Pflanzen« Sie sich förmlich auf. Später werden wir das »Zweckbewußte Gehen« üben. Jetzt besteht Ihre Aufgabe darin zu erleben, welchen Eindruck Sie mit einer Körperhaltung machen können, die Ihr Publikum nicht ablenkt.

Vermitteln Sie beim Sprechen Spaß und Spannung. Denken Sie dann nach, wie es sich für Sie angefühlt hat, all Ihre Energie auf das Sprechen zu konzentrieren und sich nicht durch Hin- und Hergehen zerstreuen und ablenken zu lassen.

Erinnern Sie sich noch an die Basketballspieler, die ich im letzten Kapitel erwähnt habe und die ganz ohne Ball, durch bloße Visualisierung ihres Erfolges, bessere Resultate zu erzielen vermochten als ihre Kollegen, die mit dem Ball trainiert hatten?

Sie haben zuerst ohne Publikum geübt, was ein exzellentes Training ist. Jetzt müssen Sie sich selbst positives Feedback geben.

Positives Feedback

Versuchen Sie nun, sich mit den Augen eines positiv eingestellten Zuhörers oder einer Zuhörerin – ihres Feedback-Coachs – zu sehen. Welche positiven Aspekte gewann er oder sie? Sie standen sicher und voller Energie, ohne die Zuhörer durch Hin- und Herlaufen abzulenken. Notieren Sie das in Ihrem Notizbuch unter der Überschrift »Haltung«. Notieren Sie

**3
Sichere,
effektvolle
Körper-
haltung**

sich auch andere positive Dinge, die er oder sie sah. Denken Sie nicht an all das, was Sie an sich noch verbessern müssen; darum werden wir uns später kümmern. Konzentrieren Sie sich im Augenblick nur auf die Erfolge, die Sie erzielt haben. Sie haben eine aus drei oder vier Sätzen bestehende Rede gehalten, mit wirkungsvollem Augenkontakt und einer effektiven Haltung.

Notieren Sie jetzt diese »Gutpunkte« in Ihr Notizbuch.

Wie fühlen Sie sich dabei? Sind Sie bereit, auf diesen Erfolgen aufzubauen? Wir wollen nun Ihre Sicherheit weiterentwickeln und das zweckbewußte Gehen üben.

4 Gehen als Ausdrucksmittel

Meinen Sie, daß es für einen Redner oder eine Rednerin gut wäre, während seiner oder ihrer gesamten Rede an einer einzigen Stelle wie angewurzelt stehenzubleiben? Nein, denn das weckt kein Interesse und sorgt nicht für Abwechslung. Sollten wir also statt dessen herumwandern wie zerstreute Professoren? Nein, denn das lenkt das Publikum ab. Was dann?

Die Antwort lautet: Zweckbewußtes Gehen. Genau so, wie Sie Ihre Worte wählen, werden Sie auch Ihre Handlungen wählen. Welche Handlungen könnten das sein? Das hängt davon ab, welchen Eindruck Sie machen wollen.

Was, wenn Sie beispielsweise eine Beziehung zum Publikum herstellen wollen? Ich gehe oft zu jemandem in der ersten oder zweiten Reihe, beuge mich zu ihm oder ihr und sage etwas, wobei ich etwas leiser werde. Das erzeugt ein Gefühl des engen Kontaktes zwischen Redner und Publikum.

Wie wäre es mit einem überraschenden Element? Sie könnten zu einem Tisch oder zur Wand gehen und mit der Faust dagegen schlagen. Wenn Sie das genau in dem Moment tun, in dem Sie einen wichtigen Satz sagen, werden Ihre Zuhörer diesen Satz niemals vergessen. Ich mache das oft.

Einmal habe ich diesen Kunstgriff im Rahmen unseres Verkaufstrainingsseminars vor einer Gruppe von Vertretern angewendet, nicht als Element meiner Präsentation, sondern eigentlich als Teil meiner Antwort auf eine Frage. Die Geste kam so unerwartet, daß sie fast von ihren Stühlen gerissen wurden. Sie sagten mir nachher, daß sie diese eine Stelle nie vergessen würden.

Vielleicht gehen Sie zu einem Flipchart oder einem Overhead-Projektor. Wenn Sie das tun, dann gehen Sie mit einem Flair von Entschlossenheit. Gehen Sie von Ihrem zentralen Ausgangspunkt zu dem Flipchart und vermitteln Sie dabei ein Gefühl der Dringlichkeit, dann wird das Publikum die Wichtigkeit Ihrer Botschaft spüren. Wenn Sie dahinbummeln, als ob Sie einen Sonntagsspaziergang durch den Park machten, dann vermitteln Sie dadurch die nonverbale Botschaft, daß das, was Sie zu sagen haben, unwichtig ist. Denken Sie daran, daß Ihre nonverbale Kommunikation 55% Ihres Einflusses auf Ihr Publikum bestimmt. Sie haben viel Zeit damit verbracht, sich auf Ihr Thema vorzubereiten (vielleicht Jahre des Lernens und der Erfahrung). Wir wollen nicht, daß Sie jetzt den Erfolg Ihrer Anstrengungen gefährden, indem Sie sie auf ineffektive Weise vermitteln.

4
Gehen als Ausdrucksmittel

Gehen

Entscheiden Sie jetzt, welchen Eindruck Sie erwecken wollen, damit Sie Ihr Gehen als Ausdrucksmittel üben können. Wollen Sie Intimität erzeugen, oder wollen Sie eine Überraschung inszenieren, die das Publikum nie vergißt, oder eine Botschaft via Flipchart oder Overhead-Projektor transportieren?

Nehmen Sie dieselbe Begebenheit aus Ihrer Kindheit, die Sie auch im letzten Kapitel verwendet haben, in dem wir uns mit der Körperhaltung beschäftigt haben. Fügen Sie diesmal einen Satz am Ende an, in dem Sie erklären, was Sie aus der Angelegenheit gelernt haben. Sie sagen jetzt also, wann es passiert ist, wo es passiert ist, was passiert ist, wie Sie sich dabei gefühlt und was Sie daraus gelernt haben. Wenn Sie zu dem Satz über die Lehre kommen, die Sie gezogen haben, dann üben Sie Ihr zweckbewußtes Gehen; Sie können dabei auf Ihr Publikum zugehen, sich nach vorne neigen, Ihre Stimme senken und dann den Satz über die »Lehre« sagen.

Oder Sie könnten zum Tisch gehen und mit der Faust oder mit einem Pack Unterlagen darauf schlagen. Sagen Sie dann Ihren Satz über die »Lehre«.

Oder Sie gehen in einer Art und Weise, die Dringlichkeit vermittelt, zu Flipchart oder Overheadprojektor, halten kurz inne, sagen Ihren Satz und schreiben dann die wichtigsten Schlüsselwörter rasch und bestimmt auf.

Entscheiden Sie sich, was Sie tun wollen, dann stehen Sie auf und tun es. Während Sie vor Ihrem imaginären Publikum sprechen, achten Sie auf Augenkontakt, verharren Sie in Ihrer selbstsicheren Haltung und gehen Sie zu guter Letzt mit Entschlossenheit. Fangen Sie jetzt an.

Zuhörer wollen Action

Aktivitäten machen Ihre Präsentation eindrucksvoller. Denken Sie daran, daß alle Menschen daran gewöhnt sind fernzusehen. Manche gehören der MTV-Generation an. Alle wollen durch Action stimuliert werden. Vorbei sind die Tage der Präsentationen vom Rednerpult aus, bei denen es ausreichte, von einem Blatt Papier zu lesen, während man eine Stunde lang förmlich hinter dem Rednerpult klebte. Ihr Publikum ist an Aktivität und Energie gewöhnt und erwartet sie auch.

Positives Feedback

Was hat Ihnen an Ihrer Präsentation gefallen? Notieren Sie sich in Ihrem Notizbuch Punkte wie die folgenden:

Ich habe mich diesmal wohler gefühlt, ich spüre, wie mein Selbstvertrauen wächst.

Ich fand, daß die Idee, auf die erste Reihe zuzugehen und meine Stimme zu senken, seltsam klang, aber als ich es ausprobiert habe, hat es mir gefallen.

Diesmal habe ich mich mit meiner Körperhaltung wohlgefühlt.

Ich habe daran gedacht, Augenkontakt zu halten.

Wenn Sie denken, daß Ihr positives Feedback »zu dick aufträgt« oder ein wenig an den Haaren herbeigezogen ist, denken Sie an folgendes: Unser Gehirn hat jahrelange Übung darin, negatives Feedback zu geben. Wir stellen es nicht einmal in Frage, und doch blockiert es uns. Das Geben von positivem Feedback legt den Grundstein für Wachstum, so wie ein Kind von dem positiven Feedback seiner Eltern zum Laufen ermutigt wird. Wenn Sie nicht auf positives Feedback achten, wird Ihr Wachstum langsam bis durchschnittlich ausfallen. Wenn Sie mit positivem Feedback arbeiten – es in einem Notizbuch festhalten –, werden Sie bei weitem raschere Fortschritte machen.

Gut. Wenn Sie das positive Feedback bisher nicht gegeben und die Übungen nicht gemacht haben, warum sollten Sie es dann jetzt tun? Tun bedeutet Lernen. Jetzt sind Sie bereit für das nächste Kapitel, in dem Sie lernen werden, Ihre Energie zu intensivieren und zu konzentrieren.

5 Intensivieren Sie Ihre Energie

»Uns vor dem Einsatz von Energie zu fürchten, heißt unsere Existenz fürchten.«

Vielleicht wird der folgende Rat Ihnen helfen, Ihre Energie zu intensivieren. Ich erhielt ihn von Alex Krywald, dem Vorsitzenden der Celebrity Speakers, nachdem er in London eine Rede von mir gehört hatte. Er sagte mir, ich solle mir beim Atmen vorstellen, daß meine Energie von mir zu jedem einzelnen Zuhörer im Publikum ströme und wieder zurück.

Ich konnte mir nicht vorstellen, wie ich das bewerkstelligen sollte, bis ich es versuchte, und genau dasselbe Gefühl gewinnen Sie vielleicht bei der folgenden Übung. Ich habe es ausprobiert, und im Laufe der Zeit fand ich das Ganze immer sinnvoller. Jetzt denke ich immer daran, ganz egal, ob ich vor 30 oder vor 300 Menschen spreche.

Energie ausstrahlen

Stellen Sie sich jetzt vor, daß Sie sich mitten unter vielen fremden Menschen auf einem Empfang befinden. Sie stehen neben jemandem, den Sie noch nie zuvor gesehen haben. Sie sprechen mit dieser Person über die Veranstaltung, auf der Sie sich befinden.

Versuchen Sie, sich die Szene nicht so vorzustellen, als beobachteten Sie sowohl sich selbst als auch Ihr

5 Intensivieren Sie Ihre Energie

Gegenüber. Betrachten Sie vielmehr Ihren Gesprächspartner durch Ihre eigenen Augen. Vergegenwärtigen Sie sich das Gefühl, dort zu stehen.

Spüren Sie jetzt, wie die Energie von Ihrem Kopf zu Ihren Zehen und wieder zurück zirkuliert. Lassen Sie jetzt die Energie Sie umströmen, so als ob sie eine Aura wäre, die Sie umgibt und Ihren Körper in allen Richtungen um etwa 15 Zentimeter gewissermaßen vergrößert. Vergegenwärtigen Sie sich das Gefühl, daß diese Energiehülle ganz allein Ihnen gehört. Genießen Sie ihre Exklusivität.

Vergrößern Sie jetzt nach und nach Ihre Energiehülle und lassen Sie sie auch die andere Person umfließen. Erweitern Sie Ihre Aura, während Sie immerfort atmen und die Energie von Ihrem Kopf zu den Zehen strömen fühlen.

Spüren Sie jetzt den Unterschied. Wenn Sie andere Menschen an Ihrer Energie teilhaben lassen, wächst sie. Denken Sie an zwei Chemikalien in einem Teströhrchen. Wenn sie sich verbinden, kann es zu einer Explosion kommen, oder aber es entsteht eine neue Substanz. Ihre neue Substanz ist intensivierte Energie.

Lassen Sie Ihre Energieaura sich jetzt ausdehnen, so daß sie drei oder vier Personen umfaßt, die bei dem Empfang in Ihrer Nähe stehen.

Wenden Sie sich dann so, daß Sie in Richtung der gesamten Gruppe blicken. Stellen Sie sich vor, daß Sie damit beauftragt wurden, alle Gäste willkommen zu heißen. Sie klopfen an Ihr Glas, um die Aufmerksamkeit auf sich zu lenken. Dann sagen Sie einen einzigen, simplen Satz: »Ich möchte Sie alle bei diesem

Teil I
Autorität

> wunderbaren Empfang willkommen heißen, den die Firma ABC heute abend für uns veranstaltet hat.«
>
> Belassen Sie, während Sie das sagen, die drei oder vier Kollegen in Ihrer Energiesphäre, erweitern Sie diese aber nach und nach, so daß sie schließlich den ganzen Raum und alle Personen darin umfaßt.
>
> Sagen Sie den Satz mehrere Male, bis Sie richtig spüren, wie diese Energie, ausgehend von Ihnen, zu zirkulieren beginnt und alle im Raum Anwesenden bis zur allerletzten Person erfaßt.

Das Geheimnis der Energie

Jetzt möchte ich Ihnen das Geheimnis der Energie verraten, eines der am häufigsten mißverstandenen Elemente des menschlichen Wesens. Es kommt oft vor, daß unsere Trainer oder Menschen aus dem Publikum zu mir kommen und sagen »Mrs. Harvey, ich bewundere wirklich Ihre Energie«. Was sie nicht wissen, ist, daß ich mich eine Stunde oder gar eine Minute vor meiner Rede vielleicht noch völlig energielos gefühlt habe.

Was ich tue, ist folgendes: Auf dem Weg zu dem Ort, an dem ich spreche, fange ich an, mich mental vorzubereiten – genau wie ein Sportler auf dem Weg zu einem Match. Ich lasse meine Energie und meinen Enthusiasmus sich aufbauen. Das setzt Adrenalin im Körper frei.

Haben Sie schon die wahre Geschichte von der sechzig Kilo schweren Frau gehört, die ein Auto anhob und so ihren Sohn befreien konnte, der bei einem Unfall eingeklemmt worden war? Sie rettete sein Leben. Der Unfall stimulierte ihre Adrenalinproduktion, was ihr enorme Kräfte verlieh. War dieses Adrenalin immer auf Abruf vorhanden? Ja, das war es. Sonst wäre es nicht innerhalb eines Augenblicks freisetzbar gewesen.

Sie und ich haben dieselbe Kraft. Athleten mobilisieren sie für Sportereignisse. Sie und ich können sie für Reden oder in jedem beliebigen Augenblick mobilisieren, in dem wir Energie haben wollen.

Keine verderbliche Ware

Energie ist keine verderbliche Ware. Manche Menschen betrachten sie so, als ob sie aufgebraucht werden könnte. Tatsächlich verflüchtigt sich Energie, wenn sie nicht genutzt wird. Energie ist erneuerbar. Je mehr Sie verbrauchen, desto mehr bekommen Sie.

Wenn Sie in irgendeinem Bereich Ihres Lebens Energie einsetzen, dann strahlen Sie förmlich pulsierendes Leben aus. Die Menschen um Sie herum fühlen die Wellen Ihrer Energie, und dadurch werden auch sie aktiviert. Sie werden gewissermaßen magnetisiert. Sich im Gegensatz dazu vor Energie zu fürchten heißt, das Leben selbst fürchten. Die Angst vor Energie oder der Versuch, sie fest in sich zu verschließen, hat auf die Menschen einen genau konträren Effekt. Sie werden abgestoßen.

> ### *Positives Feedback*
>
> Nehmen Sie sich eine Minute Zeit, um über die zirkulierende Energie nachzudenken, die Sie verspürten, als Sie bei dem Empfang alle Anwesenden begrüßten.

*Teil I
Autorität*

> Beobachten Sie sich selbst dabei, wie Sie den Begrüßungssatz sagen, und spüren Sie Ihre Energie zu allen Menschen hinströmen, bis in die entferntesten Ecken des Raumes. Visualisieren Sie Ihre kraftvolle Haltung; vielleicht gehen Sie bewußter, wenn Sie dieses Element integriert haben, und achten Sie auch auf Ihren Augenkontakt. Notieren Sie die positiven Aspekte Ihres Verhaltens. Fangen Sie jetzt damit an, und sehen Sie, welche positiven Dinge Sie entdecken.

Jetzt sind Sie bereit, den nächsten Aspekt in Angriff zu nehmen, der Ihnen hilft, Autorität auszustrahlen: Den Einsatz von wirkungsvoller Gestik.

6 Durch Gesten beeindrucken

Vergegenwärtigen wir uns: jede Bewegung des Körpers ist eine Geste. Hände, Arme, Beine, Gesicht. Denken Sie nur einmal an das Gesicht allein. Was Sie mit Ihrem Gesicht ausdrücken, hat – in Kombination mit dem Gefühl, das hinter der von Ihnen vermittelten Botschaft steht – mehr Überzeugungskraft als alles andere, was Sie tun können.

Mimik

Viele unerfahrene Redner erstaunt das. Sie denken, daß ihr Gesicht ist, was es eben ist. Sie sind sich dessen, was in ihrem Gesicht vorgeht, nicht bewußt, weil es so automatisch abläuft. Sie wissen nicht, daß sie diese Vorgänge kontrollieren oder modifizieren können.

Die beste Art, eine Änderung zu erzwingen, ist die, sich selbst auf einer Videoaufnahme zu beobachten. Ich habe, gemeinsam mit vielen Radiosprechern der BBC, die zum Fernsehen überwechselten, Fernsehinterviewtechniken erlernt. Wir alle erlitten einen Schock, der uns zu Änderungen zwang, als wir zum ersten Mal mit der Realität konfrontiert wurden, die andere Menschen Tag für Tag an uns sehen. Vor diesem Training kamen oft Leute nach meinen Reden zu mir und sagten mir, daß ich sie an Margaret Thatcher erinnerte. Ich konnte mir nicht erklären, weshalb das so war, aber ich faßte es als Kompliment auf. Als ich mich am Fernsehschirm sah, verstand ich plötzlich: Meine Mimik wirkte so ernst und bestimmt. Ich konnte über ein ganz einfaches

Teil I
Autorität

Thema sprechen, etwa über Katzen und ihre Jungen, und dabei den Eindruck erwecken, daß es sich um etwas so Schlimmes wie den 200%igen Anstieg des Haushaltsdefizits handelte. Ich kann immer noch so ernst wirken, aber ich versuche seit damals, diese Fähigkeit selektiver einzusetzen. Niemand hat mir seither gesagt, daß ich ihn an Margaret Thatcher erinnere – ein Signal dafür, daß ich meine Mimik verändert habe.

Wir müssen etwas sehen, um es zu glauben

Der kritische Punkt ist, daß wir alle unser Gesicht und unsere Hände in einer Art und Weise bewegen, die eindrückliche Botschaften vermittelt, und doch sind wir blind dafür, wie diese Botschaften, die wir aussenden, eigentlich aussehen. Warum sollten wir die letzten sein, die das wissen? Wissen bedeutet Macht. Wenn Sie wissen, was Sie tun, können Sie es ändern. Alle anderen wissen es schon – und Sie können es ebenfalls herausfinden. Wenn Sie keine Videokamera haben, setzen Sie sich vor einen großen Spiegel, während Sie gerade ein Telefongespräch führen. Was Sie entdecken, wird von unschätzbarem Wert für Sie sein.

Wenn Sie jedoch ernsthaft eine Rednerkarriere anstreben, dann müssen Sie sich selbst auf Video beobachten.

Manche Gewohnheiten, die Sie an sich bemerken werden und die Sie verändern wollen, könnten dieselben sein, die auch ich oder meine Kollegen an uns festgestellt haben. Dazu gehört: Gehen mit auf dem Rücken verschränkten Händen – das macht den Eindruck einer schlechten Haltung –, Herumfummeln an Ihrer Halskette, Ihrer Krawatte oder Ihrem Ring oder Klimpern mit dem Schlüssel in der Tasche. Wir alle tun diese Dinge unbewußt, bis wir uns selbst auf Video sehen und damit aufhören.

Ein Signal geben

Durch Gesten beeindrucken

Sie können Ihr Gesicht benutzen, um einem Publikum zu signalisieren, was jetzt auf es zukommt. Sie können sehr ernst werden, bevor Sie einen sehr emotionalen Satz sagen. Sie können sogar eine kurze Pause machen und nachdenken. Sie können vor einem humorvollen Satz lächeln oder lachen.

Geben Sie acht, daß Sie nicht die falschen Zeichen geben. Einmal versuchte ich mich darauf zu konzentrieren, öfter zu lächeln, und so stellte ich während einer Übungssitzung ein großes Schild auf, das mich daran erinnern sollte. Ich beschloß zu lächeln, wann immer es mir in den Sinn kam, nur um mich darin zu üben, es möglichst oft zu tun. Ich war ganz zufrieden damit. Ich hatte viel Spaß beim Üben. Aber eine Kollegin kam zu mir und sagte mir, ich hätte genau vor dem entscheidenden Satz einer äußerst ernsten, emotionsbeladenen Geschichte gelächelt. Das war für sie eine zweideutige Botschaft gewesen und hatte sie unsicher gemacht. Sie fragte sich nun, ob es mir mit dem, was ich gesagt hatte, ernst war.

Worum geht es? Achten Sie darauf, daß Ihr Gesichtsausdruck mit Ihrer Botschaft übereinstimmt und Ihren Worten voraus ist.

Steuern Sie Ihren Gesichtsausdruck

Hören Sie einen Moment auf zu lesen und denken Sie nach. Was ist es, das das Gesicht dazu bringt, das zu tun, was es tut? Der wichtigste Faktor sind Gefühle. Denken Sie an etwas, bezüglich dessen Sie starke Gefühle empfinden, und wählen Sie dann einen Satz aus, der es beschreibt. Dieser Satz könnte beispielsweise

*Teil I
Autorität*

> lauten: »Unser Schulsystem muß verbessert werden.« Sehen Sie in den Spiegel und sagen Sie den Satz dreimal. Zuerst ohne Emotionen. Als nächstes mit mäßigen Emotionen. Beim dritten Mal mit starken Gefühlen und mit Überzeugung, so als ob Ihr Leben oder das Ihres Kindes davon abhinge.
>
> Was sehen Sie? Notieren Sie in Ihrem Notizbuch, wie sich Ihr Gesichtsausdruck verändert, wenn Sie starke Gefühle und Emotionen entwickeln, bevor Sie Ihren Satz sagen. Geben Sie sich jetzt positives Feedback für den Fortschritt, den Sie gemacht haben.

Wodurch vermitteln Sie Überzeugung?

Überlegen Sie, wodurch Sie eigentlich den Eindruck echter Überzeugung vermitteln. Drei Faktoren sind hierfür ausschlaggebend:

1. Das Gesicht, dessen Ausdruck vom Gefühl bestimmt wird
2. Energie, wie im vorigen Kapitel diskutiert
3. Die Betonung

Jetzt studieren wir das Gesicht, dessen Ausdruck vom Gefühl bestimmt wird. Wenn Sie mehr Überzeugung in Ihre Rede legen wollen, egal, ob Sie vor Ihren Kollegen oder vor einem anderen Publikum sprechen, denken Sie an die Erkenntnisse, die Sie aus der letzten Übung gewonnen haben, und wenden Sie sie jeden Tag an. Sie können diese Prinzipien im Lebensmittelladen umsetzen, wenn Sie mit der Verkäuferin sprechen, oder in der Bank oder auch an Ihrem Arbeitsplatz. Sie werden überrascht sein, wie ernst Sie von den Menschen genommen werden, wenn Sie mit mehr Überzeugung sprechen. Wenn Sie lernen, das jeden Tag zu tun, können Sie leichter darauf zurückgreifen, wenn Sie eine Rede halten.

**6
Durch
Gesten
beein-
drucken**

Eine unserer Trainerinnen, eine der effektivsten, die ich kenne, hat mir erzählt, daß sie vor jeder Präsentation vor dem Spiegel übt. Sie sagt sich, daß die Basis ihrer Botschaft das tiefempfundene Gefühl sein wird, das sie in bezug auf das Thema hegt, und dann läßt sie ihr Gesicht diese Emotionen widerspiegeln. Gehen Sie auch so vor, wenn Sie außergewöhnliche Ergebnisse erzielen möchten.

Arme und Hände

Hier ist eine Faustregel, die ich entwickelt habe und die mir sehr hilft. Ich intensiviere meine Gestik in Abhängigkeit von der Größe der Gruppe. Lassen Sie mich das näher erklären: Wenn Sie vor einer Gruppe von 200 Personen sprächen und dabei dieselben Gesten verwendeten wie in einem Gespräch mit einer einzigen Person über einen Restauranttisch hinweg, dann wären Ihre Gesten praktisch kaum wahrnehmbar. Wenn Sie Ihre Gestik intensivieren, so daß sie einem Publikum von 200 Menschen entspricht, und diese Gesten dann verwenden, wenn Sie mit nur zwei Personen sprechen, dann wirkt das ebenso absurd.

Wie können Sie also Ihre Gestik intensivieren?

Denken Sie zunächst an Ihren Arm. Er hat drei Gelenke – das Handgelenk, den Ellenbogen und die Schulter. Kleine Gesten kommen aus dem Handgelenk, mittlere Gesten kommen aus einer Bewegung des Ellenbogens und große Gesten entstehen aus einer Bewegung der Schulter. Wenn Sie vor einer beliebigen Gruppe sprechen, die aus mehr als 10 Personen besteht, sollten Sie Schulterbewegungen einsetzen.

*Teil I
Autorität*

Ihre Gesten

Bleiben Sie dort sitzen oder stehen, wo Sie sich jetzt befinden. Sagen Sie denselben Satz, den Sie vorhin mit Gefühl gesprochen haben, in unserem Beispiel: »Unser Schulsystem muß verbessert werden.« Jeder Satz ist hierfür geeignet. Sagen Sie ihn einmal, während Sie Ihre Hand aus dem Handgelenk heraus bewegen. Sagen Sie ihn nochmals, und bewegen Sie den Arm aus dem Ellenbogengelenk. Wiederholen Sie das Ganze nochmals, und bewegen Sie Ihren Arm mit einer ausladenden, entschiedenen Geste aus dem Schultergelenk heraus. Gehen Sie den Zyklus noch mehrere Male durch, bis Sie jede Bewegung sechsmal gemacht haben – kleine Geste, mittlere und große. Nach sechs Durchgängen werden Sie sich wahrscheinlich in jeder Geste wohlfühlen.

Stellen Sie sich jetzt vor den Spiegel. Sehen Sie sich zu, wie Sie die Handgelenkbewegung machen, die Ellenbogenbewegung und die Schulterbewegung. Stellen Sie sich vor, daß Sie zu einer Gruppe sprechen, so daß große Gesten angebracht sind. Notieren Sie in Ihrem Notizbuch positives Feedback dazu, wie Sie das Bewegungsspektrum, innerhalb dessen Sie sich wohlfühlen, um größere, nachdrückliche Gesten erweitert haben.

Denken Sie jetzt über Ihre Fortschritte nach. Sie haben sich mit einem der wichtigsten Aspekte des Redens beschäftigt – dem, der für 55% Ihrer Wirkung verantwortlich ist und von dem wir doch in der Schule niemals hören: nonverbale Kommunikation. Sie haben sich mit dem Augenkontakt beschäftigt, mit einer sicheren Haltung, einem entschlossenen Gang, der Intensivierung Ihrer Energie und mit eindrucksvoller Gestik. Gut gemacht.

Gehen wir jetzt weiter zu einem anderen Aspekt des Redens, der völlig anders, aber ebenso interessant ist.

6
Durch
Gesten
beein-
drucken

KLARHEIT UND GLAUBWÜRDIGKEIT

Teil II

*Die Seele
Ihrer Präsentation*

Die Glaubwürdigkeit, die Sie vermitteln,
hängt hauptsächlich von der Klarheit Ihrer Gedanken und
Ihrer Fähigkeit ab, die Inhalte, die Sie vermitteln wollen,
mit Anekdoten auszuschmücken, die für emotionale
Eindrücke sorgen, und mit Zahlen, Querverweisen und
Zitaten, die logische Zusammenhänge vermitteln.
Das ist die Seele Ihrer Präsentation.
In diesem Teil werden Sie lernen, all die Kommentare,
Gespräche und Präsentationen, die Sie in Zukunft
abgeben bzw. abhalten werden, zu strukturieren und dabei
Energie und Überzeugungskraft zu vermitteln.
Sie werden auch lernen, wie Sie – bei jedem beliebigen
Thema – Ihre Stärken nützen können.

7 Wie Sie Ihre Stärken und Erfahrungen nutzen können

Glauben Sie, daß Sie sechs Stunden lang ununterbrochen über eine Reihe von zufällig ausgewählten Themen sprechen könnten? Ich hätte nicht gedacht, daß ich es könnte, und ich war von mir selbst überrascht, daß ich es dann doch schaffte, als ich einmal dazu gezwungen war. Wir alle haben ein Repertoire von Erfahrungen, die solange in uns schlummern, bis wir einmal in eine Situation kommen, in der wir sie brauchen.

Lassen Sie sich von mir durch einen lehrreichen Prozeß führen, der Ihnen den vollen Reichtum der Erfahrungen, des Wissens, der Interessen und der Expertise erschließen wird, die Sie in sich tragen und die nur darauf warten, zum Einsatz zu kommen.

Arten von Organisationen

Listen Sie in einem Notizbuch, auf einem Stück Papier oder auf dieser Seite dieses Buches jede Art von Firma auf, für die Sie jemals gearbeitet haben – ob *bezahlt* oder *unbezahlt*, *Vollzeit* oder *Teilzeit*. Gehen Sie zurück bis zu Ihrem ersten Job.

_____   _____
_____   _____
_____   _____
_____   _____

*Teil II
Klarheit
und Glaub-
würdigkeit*

Meine Liste würde beispielsweise so aussehen:

- Haushaltshilfe als Studentin
- Bücherei/Papierwaren-handlung
- großes Einzelhandelsgeschäft
- Telefongesellschaft
- Dienstleistungsfirma
- Werbeagentur
- Eigene Firma – Einzelhandel
- Erziehungsinstitut
- Computerfirma
- Eigene Firma – Immobilien
- Eigene Firma – Training
- Radio
- TV
- Verlag

Listen Sie nun Ihre Jobs auf.

Nun bekommen Sie bereits ein Gefühl für die Vielfalt Ihrer Erfahrungen. Sogar wenn Sie nur in einer einzigen Firma gearbeitet haben, haben Sie reichhaltige Erfahrungen gemacht.

Arten von Funktionen

Listen Sie jetzt jede Tätigkeit auf, die Sie in den oben aufgelisteten Firmen ausgeübt haben. Beispielsweise Verkauf, Administration, Finanzen, Reporterin, etc.

_____   _____

_____   _____

_____   _____

_____   _____

Listen Sie alles auf, was Sie gemacht haben, auch wenn es nur für kurze Zeit war.

Sehen wir uns nun die Berufe näher an, mit denen Sie in Berührung kamen.

Kontaktfelder

Listen Sie nachstehend jeden Job auf, über den Sie etwas wissen, sei es durch Ihren Vater, Ihre Mutter, Schwester, Bruder, Cousin oder irgend jemand sonst, der oder die Ihnen nahesteht. Mein Vater zum Beispiel war im Druckereigeschäft, und während ich heranwuchs, lernte ich enorm viel über das Druckereiwesen, was mir in meinem Berufsleben viel geholfen hat. Listen Sie die Berufsfelder, mit denen Sie in Kontakt kamen, nachstehend auf.

_____   _____

_____   _____

_____   _____

_____   _____

Anerkennung

Listen Sie jetzt jede Auszeichnung oder spezielle Anerkennung auf, die Sie im Berufsleben, in Organisationen, im Sport, bei Hobbys, in der Musik oder in der Schule jemals bekommen haben. Gehen Sie bis in die frühe Kindheit zurück und schreiben Sie alles auf, bis zum heutigen Tag.

_____   _____

_____   _____

_____   _____

_____   _____

Wie Sie Ihre Stärken und Erfahrungen nutzen können

*Teil II
Klarheit
und Glaub-
würdigkeit*

Ist es nicht angenehm, wenn Sie sich selbst Anerkennung zollen und sehen, wie die Liste Ihrer Fähigkeiten, Stärken oder Erfahrungen länger wird?

Teilnahme

Erstellen Sie jetzt eine Liste von Sportarten und Hobbys, Aktivitäten oder Freiwilligenorganisationen, die Sie mögen oder an denen Sie teilnehmen.

_____ _____
_____ _____
_____ _____
_____ _____
_____ _____

Kompetenz

Erstellen Sie jetzt eine Liste der Dinge, die Sie gut können. Notieren Sie Dinge aus dem häuslichen oder dem gesellschaftlichen Bereich oder sogar aus Ihrem Job, wenn sie nicht schon auf einer anderen Liste stehen (das Auto reparieren, einen Raum tapezieren, Menschen zur Teamarbeit motivieren).

_____ _____
_____ _____
_____ _____
_____ _____
_____ _____

Sehen wir uns jetzt an, welche Themenbereiche Sie interessieren.

Wie Sie Ihre Stärken und Erfahrungen nutzen können

Präferenzen

Listen Sie jetzt alle Fächer auf, die Sie einmal gelernt haben, die Sie mögen und in denen Sie sich sicher fühlen – absolviert in der Schule, in Sommerkursen, auf der Abendschule, in Seminaren, was Sie aus Büchern und von Vorträgen wissen. Listen Sie alles, was Ihnen einfällt, nachstehend auf.

_____   _____

_____   _____

_____   _____

_____   _____

Freude

Listen Sie jetzt die Dinge auf, die Sie ganz einfach gern tun oder die Sie freiwillig machen: im Wald spazierengehen, mit der Familie zusammensein, im Garten arbeiten, in der Schule des Kindes mithelfen. Listen Sie alles auf.

_____   _____

_____   _____

_____   _____

_____   _____

_____   _____

*Teil II
Klarheit
und Glaub-
würdigkeit*

Alles

Listen Sie nachstehend alles auf, worin Sie gut sind und was Sie bisher noch nicht notiert haben: unterrichten, Menschen motivieren, kreativ, künstlerisch, etc.

_____   _____

_____   _____

_____   _____

_____   _____

_____   _____

_____

Jetzt, wo Sie aus einer so reichhaltigen Palette von Bereichen schöpfen können, können Sie sich besser vorstellen, wie Sie auf dieses Wissen zurückgreifen können, wenn Sie verschiedenste Themen diskutieren müssen.

Erkennen Sie Ihre Vielfältigkeit

Stellen Sie sich vor, Sie sind zu einer Radio-Marathonshow eingeladen, so wie ich das einmal war, und daß eine Karte mit irgendeinem beliebigen Thema gezogen wird. Wenn Sie das Wort sehen, lassen Sie Ihre Augen rasch über die Themenbereiche aus dem Schatz Ihrer Erfahrungen, Kenntnisse und Interessen schweifen, die Sie aufgelistet haben. Zählen Sie, wie viele die-

Wie Sie Ihre Stärken und Erfahrungen nutzen können

> ser Bereiche in Zusammenhang zu diesem Wort stehen, so daß Sie sie wenn nötig verwenden könnten, wenn Sie über das Thema sprechen. Sind Sie fertig? Ihr Thema lautet: »Wie sich die Erziehung im Laufe der Zeit verändert hat.«
>
> Zählen Sie, wie viele Ihrer Themenbereiche einen Bezug zu diesem Thema haben könnten – wahrscheinlich sind es die meisten. Denken Sie daran, daß diese Übungen nur für Ihre Augen bestimmt sind und daß niemand sonst sie zu sehen bekommt. Sie brauchen Ihr Licht nicht unter den Scheffel zu stellen.

Vielleicht denken Sie, daß diese Übung zu einfach war, zu allgemein. Aber in Wirklichkeit gibt es an jedem beliebigen Thema auf der Welt den einen oder anderen Aspekt, der mit etwas in Zusammenhang steht, was Sie erlebt haben.

Sie sollten sehr stolz auf Ihren Erfahrungsschatz sein, nachdem Sie all diese Listen zusammengestellt haben. Die Menschen sind immer überrascht, wieviel sie eigentlich schon getan haben, wenn sie alles auf einer Liste vor sich sehen.

Wenn Sie sich nicht die Zeit genommen haben, schriftliche Listen zu erstellen (die schriftliche Liste hat eine viel stärkere Wirkung als die mentale), dann möchte ich Sie dazu ermuntern, jetzt aufzuhören und dies nachzuholen. Weshalb? Weil dieser Prozeß enorme Auswirkungen auf Ihr Selbstbewußtsein hat, auf Ihr Selbstwertgefühl und die Entfaltung Ihrer Führungsqualitäten. Er hilft Ihnen zu erkennen, daß Sie über jedes beliebige Thema sprechen können. Es dient auch dazu, Inhalte aus Ihrem Langzeitgedächtnis – aus dem »Langzeitspeicher« – hervorzuholen und sie in Ihrem Gedächtnis sozusagen weiter nach vorn zu schieben.

*Teil II
Klarheit
und Glaub-
würdigkeit*

> **Positives Feedback**
>
> Denken Sie an das Gefühl der Befriedigung, das Sie verspürten, nachdem Sie den vollen Umfang der Palette Ihrer Erfahrungen und Interessen erfaßt hatten. Sie haben so vieles, was Sie mit anderen Menschen teilen können und wodurch Sie diesen Menschen in ihren Interessen weiterhelfen und zu ihrem Wachstum beitragen können. Machen Sie eine Aufzeichnung in Ihrem Notizbuch, die Sie daran erinnert, wie überrascht Sie waren, als Sie feststellten, wieviel es gibt, worauf Sie zurückgreifen können. Fassen Sie diese Notiz so ab, daß sie Sie sozusagen aufwecken wird, wenn Sie das nächste Mal drauf und dran sind, Ihre Stärken und Erfahrungen als selbstverständlich zu betrachten.

Wir wollen uns jetzt mit den konkreten Aspekten der Rede beschäftigen.

8 Die Kraft der Beweise

> »Höre viel, wähle das Gute aus und halte
> dich daran.« Konfuzius

Das Sprechen vor Publikum wäre eine einfache Sache, wenn uns unsere Zuhörer alles glaubten, was wir zu sagen haben, ohne irgendwelche Beweise zu verlangen. Das tun sie aber nicht. Wissen Sie noch, wie es sich anfühlt, ein zehn Jahre altes Kind zu sein? Wenn Sie Kindern zuhören, die sich miteinander unterhalten, dann klingt das oft so: Ein Kind behauptet etwas Unglaubwürdiges, beispielsweise: »Mein Vater ist so stark, daß er ein Pferd aufheben kann.« Das andere Kind antwortet: »Na gut, beweise es!«

Die Menschen ändern sich nicht. Sie wollen für alles, was sie hören, Beweise, aber damit nicht genug. Sie müssen nicht nur eine, sondern sogar *zwei* Arten von Beweisen liefern, nämlich logische Beweise und emotionale Beweise. Das ist gar nicht schwierig, und am Ende dieses Abschnitts werden Sie sicher beides meisterhaft beherrschen.

Nehmen wir uns zunächst die emotionalen Beweise vor. In unserem Verkaufskurs lehren wir, daß die Menschen zweierlei Motive haben, etwas zu kaufen. Die eine Art sind logische Gründe, die andere menschliche oder emotionale Gründe. Auf der logischen Ebene will der Manager Maschinen kaufen, um die Produktivität zu erhöhen und seiner Firma Geld sparen zu helfen. Aber auf der emotionalen Ebene will er vielleicht den Arbeitsstreß vermindern und früher nach Hause gehen. Der Verkäufer, der sowohl die logischen als auch die menschlichen/emotionalen Bedürfnisse erkennt

*Teil II
Klarheit
und Glaub-
würdigkeit*

und beweisen kann, daß er imstande ist, beide Bedürfnisse zu befriedigen, wird erfolgreicher sein als ein Verkäufer, der nur auf das logische Bedürfnis eingeht.

Ein Produkt zu verkaufen ist im Grunde dasselbe wie eine Idee zu »verkaufen«. Wir alle haben mit dem Verkaufen von Ideen zu tun, ob es nun um unsere Familie, um ein Management-Meeting oder um eine Rede geht.

Viele Menschen glauben, daß alle Entscheidungen auf logischen Bedürfnissen basieren. Wenn das wahr wäre, gäbe es keine Firmenpolitik und keine Korruption auf der Welt und wir lebten in einer ziemlich perfekten Gesellschaft.

Viel wird über das Treffen von Entscheidungen mit der linken bzw. mit der rechten Gehirnhälfte gesprochen. Auch jemand, der sehr stark zum Einsatz entweder der einen oder der anderen Hemisphäre neigt, verwendet immer noch beide.

Was das Halten von Reden betrifft, so ist die Formel einfach. Sie müssen sich zuerst entscheiden, welche Aussagen Sie treffen wollen. Dann müssen Sie abwechselnd emotionale und logische Beweise liefern.

1. Aussage
2. emotionale Beweise: aus dem Leben gegriffene Beispiele (am besten persönliche)
3. logische Beweise: Zahlen, Zitate oder Referenzen

Stürzen wir uns gleich ins Vergnügen und versuchen wir's.

Stellen Sie sich vor, Sie wollten einem Freund helfen, eine Rede aufzusetzen. Sie sollen die Rede nicht ausformulieren, sondern Sie sammeln nur eine Reihe von Schlagwörtern und wenden die obenstehende Formel an.

Zunächst helfen Sie ihm festzulegen, welche Aussagen er machen will. Nehmen wir beispielsweise an, daß er seine Zuhörer davon überzeugen will, abends mit ihren Kindern im Vorschulalter zu lesen. Das ist die Aussage.

Nun brauchen Sie eine Geschichte, um der Aussage eine emotionale Färbung zu verleihen – wenn möglich bringen Sie ein persönliches Beispiel aus Ihrem Leben, denn das wirkt einfach immer besser. Außerdem kann niemand eine persönliche Erfahrung bestreiten. Sie fühlen sich vielleicht verletzlicher, wenn Sie eine persönliche Geschichte erzählen, aber wenn Sie sich vor Augen halten, daß Sie damit einen bei weitem stärkeren Effekt erzielen, als wenn Sie eine Begebenheit erzählen, die jemand anders zugestoßen ist, dann lohnt sich die Sache sehr wohl. Sie machen sich vielleicht auch Sorgen, daß Sie Ihre Zuhörer mit persönlichen Kleinigkeiten langweilen könnten, aber auch das trifft nicht zu. Das Gegenteil ist der Fall. Die Menschen fühlen sich von einem langen Monolog weit eher gelangweilt als von einer Geschichte.

8
Die Kraft
der
Beweise

Kommen wir jetzt wieder zurück zu Ihrem Freund. Als Grund für seine vehemente Forderung, daß man mit Vorschulkindern lesen üben sollte, könnte er folgende persönliche Geschichte als emotionalen Beweis anführen: »Mein ältester Sohn hatte in der Schule enorme Schwierigkeiten mit dem Lesen, und die Folge davon ist, daß er unter mangelndem Selbstbewußtsein und Selbstwertgefühl leidet. Andere Kinder machten sich immer über ihn lustig. Er begann in der Schule zurückzubleiben und schloß sich einer falschen Gruppe an. Begonnen hat das Ganze mit seinen Leseschwierigkeiten. Als wir unseren zweiten Sohn bekamen, fing ich ab dem Zeitpunkt seiner Geburt an, ihm vorzulesen. Er ist heute ein ausgezeichneter Schüler und hat ein gesundes Selbstbewußtsein. Ich bin sicher, daß das alles auf den guten Start zurückzuführen ist, den er in der Schule hatte.«

Wenden wir uns jetzt den logischen Beweisen zu. »Forschungsergebnisse beweisen, daß Kinder, denen die Eltern von einem sehr frühen Zeitpunkt an vorgelesen haben, eine um 60% höhere Chance haben, sehr gute schulische Leistun-

*Teil II
Klarheit
und Glaub-
würdigkeit*

gen zu erbringen und zu einem Universitätsstudium zugelassen zu werden, als jene Kinder, denen nicht vorgelesen wird.«

Jetzt treffen Sie Ihre Aussage. »Der springende Punkt ist folgender: Wenn Sie möchten, daß Ihre Kinder hervorragende schulische Leistungen erbringen, dann reservieren Sie drei oder vier Minuten in Ihrem täglichen Zeitplan dafür, sich hinzusetzen und Ihren Sprößlingen vorzulesen. Mehr ist nicht nötig. Sie werden noch jahrelang von dieser Investition zehren können.«

Wenn Sie länger sprechen wollen, brauchen Sie nur die Anzahl der Beispiele, die Sie als emotionale Beweise verwenden, und die Anzahl der Statistiken, Zitate oder Referenzen, die Sie als logische Beweise anführen, zu erhöhen.

Das Muster könnte folgendermaßen aussehen:

- *Emotionaler Beweis* in Form einer Geschichte
- *Logischer Beweis* in Form von Zahlen, Zitaten, Referenzen
- Ein weiterer *emotionaler Beweis*
- Ein weiterer *logischer Beweis*
- Aussage

Oder es könnte so aussehen:

- Aussage
- Logischer Beweis
- Emotionaler Beweis
- Emotionaler Beweis
- Logischer Beweis

Oder es könnte so aussehen:

- Logischer Beweis
- Logischer Beweis
- Aussage
- Emotionaler Beweis
- Emotionaler Beweis

Der springende Punkt ist, daß Sie Ihre Aussagen und Beweise flexibel kombinieren können.

Damit habe ich mich viele Jahre lang abgequält. Bei der Vorbereitung meiner Reden fragte ich mich ständig, was wohl die beste Variante wäre. Sollte ich zuerst die Geschichte erzählen und dann den logischen Beweis anführen? Sollte die Aussage am Anfang oder am Ende stehen? Ich fragte andere Kollegen, die ebenfalls professionelle Redner waren.

Ich fragte Rednerberater. Alle hatten unterschiedliche Theorien. Während der letzten Jahre habe ich die weltbesten Redner aus Gegenwart und Vergangenheit studiert. Was ich dabei herausgefunden habe, ist, daß alle Kombinationen verwendet werden und gleichermaßen effektiv sind. Die grundlegenden »Ingredienzien« sind immer vorhanden (emotionaler Beweis, Aussage, logischer Beweis), aber die Reihenfolge variiert. Worauf es ankommt, ist die Zugkraft des Beweises oder der Aussage.

Sehen wir uns nun alle Punkte einzeln an, damit Sie sie alle perfektionieren und darüber hinaus Ihre eigene Struktur entwickeln und Ihre Aussagen effektiv plazieren können.

8
Die Kraft der Beweise

9 Emotionale Beweise

> *»Es war nicht mein rationaler Verstand, der mir zum Verständnis der fundamentalen Gesetze des Universums verholfen hat.«* Albert Einstein

Für die emotionalen Beweise können Sie folgende Formel verwenden: Entwickeln Sie wenn möglich eine Geschichte, die auf Ihrer persönlichen Erfahrung beruht, weil das am effektivsten ist. Sie können auch eine wahre Geschichte erzählen, die jemand anders passiert ist, wenn sie aussagekräftig ist.

1. Wann ist es passiert?
2. Wo ist es passiert?
3. Was ist passiert?

Hier einige Beispiele:

– *Wann ist es passiert?*
  Sie können den Zeitpunkt auf verschiedene Arten einflechten:
  Gestern …
  Letzten Dienstag …
  Als ich 11 Jahre alt war …
  1986 …

– *Wo ist es passiert?*
  befand ich mich gerade im Wohnzimmer …
  saß ich gerade an meinem Schreibtisch …
  stand ich in der Tür …
  gingen wir vom Lift zu meinem Büro …

- *Was ist passiert?*
  als plötzlich der Chef zu mir kam und sagte …
  als ich etwas absolut Überraschendes am Himmel sah.
    Es sah aus wie …
  und im selben Augenblick verpaßte sie mir einen Schlag
    auf den Kopf und …
  als ich zum ersten Mal in meinem Leben erkannte, daß …

Versuchen Sie es jetzt selbst:

So entwickeln Sie emotionale Beweise

Denken Sie an einen Vorfall in Ihrer Kindheit zurück, aus dem Sie eine Lektion gelernt haben. Entwickeln Sie drei oder vier Sätze, die eine kurze Geschichte ergeben. Verwenden Sie die drei Teile der Formel:

Wann _____

_____

_____

_____

Wo _____

_____

_____

_____

Was _____

_____

_____

_____

9
Emotionale Beweise

*Teil II
Klarheit
und Glaubwürdigkeit*

Lassen Sie sich nicht von Zweifeln darüber aufhalten, ob Sie den »richtigen« Vorfall oder eine »passende« Begebenheit gefunden haben. Wichtig ist nur, daß Sie das Wann, Wo, Was üben, bis es Ihnen zur Selbstverständlichkeit wird.

Perfektionierung

Denken Sie jetzt an eine Begebenheit aus Ihrer Teenagerzeit. Es könnte Ihr erster Job sein, ein Wettbewerb, den Sie gewonnen haben, oder ein schulischer Erfolg. Denken Sie sich drei oder vier Sätze aus, und erzählen Sie Ihre Geschichte.

Wann _____

_____

_____

_____

Wo _____

_____

_____

_____

Was _____

_____

_____

_____

_____

Geht es Ihnen schon leichter von der Hand? Machen Sie sich jetzt noch keine Sorgen darüber, wie Sie die Verbindung zu Ihrer Aussage herstellen können. Darum werden wir uns später kümmern.

9 Emotionale Beweise

Weitere Perfektionierung

Denken Sie jetzt an etwas, was Ihnen im Berufsleben passiert ist. Es kann gestern oder auch vor Jahren geschehen sein. Denken Sie sich drei oder vier Sätze aus, um Ihre Geschichte zu erzählen. Verwenden Sie die dreiteilige Formel.

Wann _____

_____

_____

Wo _____

_____

_____

Was _____

_____

_____

Wenn es Ihnen schon leicht von der Hand geht, sollten Sie nicht mehr als 30 Sekunden benötigen, um eine solche Geschichte zu entwickeln. Anfangs werden Sie viel länger brauchen, aber ich rate Ihnen nochmals: Denken Sie nicht darüber nach, was richtig ist. Verwenden Sie zum Üben irgendeinen beliebigen Vorfall, der Ihnen gerade in den Sinn kommt.

*Teil II
Klarheit
und Glaub-
würdigkeit*

Positives Feedback

Erzählen Sie mir, worin Sie sich verbessert haben. Waren Sie zu Beginn langsamer, fühlten aber nach drei Übungsdurchgängen, daß Sie sich zu verbessern begannen? Machen Sie sich Notizen über Ihren Fortschritt.

Verschaffen wir uns jetzt einen Gesamtüberblick, und sehen wir uns an, wie sehr sich Ihre Redefertigkeiten bereits verbessert haben.

Denken Sie an irgendeine Botschaft, die Sie gerne vermitteln würden. _____

_____

Entwickeln Sie jetzt einen emotionalen Beweis in Form einer persönlichen Geschichte (wann/wo/was).

_____

_____

Notieren Sie jetzt einen logischen Beweis mit Zahlen, Referenzen oder Zitaten. _____

_____

Formulieren Sie jetzt Ihre Aussagen. _____

_____

Fanden Sie diese Übung einfach oder schwierig? Geben Sie acht, ob Sie emotionale Beweise im täglichen Leben entdecken können – Redner, Politiker, TV-Werbespots, Anzeigen in Zeitungen. Als nächstes werden Sie lernen, Geschichten als logische Beweise zu verwenden. Sie werden eine Mischung aus beidem brauchen, und es ist nur eine Frage der Übung, ob Sie in der Lage sind, beides erfolgreich einzusetzen.

9
Emotionale Beweise

10 Logische Beweise

Was die logischen Beweise betrifft, so haben Sie mehrere Optionen, so beispielsweise

1. Zahlen und Statistiken
2. Referenzen
3. Zitate von Experten

Zahlen und Statistiken machen Eindruck

– »Als wir zu dieser Methode überwechselten, stieg unsere Produktivität um 55% an«, berichtete ein Kunde einem anderen während einer Handelsmesse.
– »Als wir zu dieser Methode überwechselten, erzielten wir dieselbe Produktivität mit drei Angestellten weniger«, erklärte der Produktionsleiter dem Direktor.
– »Die Forschung hat bewiesen, daß unser Selbstbild zu 60% von der Arbeit bestimmt ist, der wir nachgehen«, sagte der Personalmanager zu den Collegeabgängern.
– »Laut Forschungsberichten haben 90% der Kinder, wenn sie sechs Jahre alt sind, dem Lernen gegenüber eine Einstellung, die etwa lautet: ›ich kann das schaffen‹. Im Alter von 12 haben nur noch 10% diese Einstellung«, erklärte der Psychologe den Praktikanten.

Ist es besser, diesen letzten Punkt mit den Statistiken zu untermauern, anstatt einfach zu sagen: »Wir brauchen Lehrer, die unsere Kinder ermutigen«? Ja, natürlich. Die Menschen brauchen Beweise.

Stellen Sie sich vor, Sie würden einige dieser Zahlen und Statistiken verwenden, um Ihre Aussagen zu unterstreichen und zu beweisen. Das ist die wirkungsvollste Art, Ihre Rede aufzubauen. Verwenden Sie sie in Management-Meetings wie im alltäglichen Leben. Sie brauchen sie nicht für Reden »aufzusparen«. Wenn Sie sie im Alltag verwenden, können Sie die Menschen motivieren, aktiv zu werden.

10 Logische Beweise

Versuchen Sie es jetzt einmal selbst. Sie haben vielleicht nicht die exakten Statistiken bei der Hand. Das ist nicht wichtig. Sie können Ihre Phantasie einsetzen, um jetzt zu Übungszwecken eine Aussage zu kreieren. Wenn Sie tatsächlich eine Rede halten müssen, suchen Sie sich echte Statistiken und Daten.

Statistische Beweise

Wählen Sie irgendeinen Aspekt Ihres Berufs oder eines Ihrer Hobbys aus und entwickeln Sie einen dazu passenden Satz, in den Sie Statistiken oder Zahlen einflechten wie oben ausgeführt. Notieren Sie ihn in Ihrem Notizbuch.

Wenn Sie statistische Beweise verwenden, sollten Sie sichergehen, daß Sie in Ihrem Satz Fakten *vergleichen*. Sie können Vergleiche zu einer anderen Methode herstellen *oder* zu der Situation, wie sie sich vor der Veränderung präsentiert hat.

Sagen Sie nicht: »Dieser Orangensaft enthält 20% mehr Vitamin C.« (Das ist eine falsche Behauptung, weil die zusätzlichen 20% sich auf nichts beziehen. Der Zuhörer fragt: ›20% mehr *als was?*‹ Der Sprecher hat seine Glaubwürdigkeit verloren.)

*Teil II
Klarheit
und Glaubwürdigkeit*

Sagen Sie stattdessen: »Dieser Orangensaft enthält 20% mehr Vitamin C als jener der Marke X« oder »Dieser Orangensaft, der aus heute gepflückten Orangen gepreßt worden ist, enthält 20% mehr Vitamin C als der Saft, der aus den vor fünf Tagen geernteten Orangen hergestellt wurde.«

Natürlich muß der Prozentsatz oder die Zahl, die Sie anführen, richtig sein.

Überzeugende Referenzen

– »George Schmidt von der Firma ABC sagt, daß die Methode, die ich Ihnen vorstellen werde, seine Firma gerettet hat.«
– »Es war allgemein bekannt, daß Audrey Hepburn diese Methode für das Fund raising für Kinder eingesetzt hat.«
– »Das Footballteam, das sieben Jahre hindurch Meister war, hat immer nach der Methode trainiert, über die wir heute sprechen werden.«

Referenzen als Beweise

Nehmen Sie denselben Aspekt aus dem Umfeld Ihres Berufes oder Hobbys wie zuvor, und entwickeln Sie einen Beweissatz dafür, indem Sie eine reale oder hypothetische Referenz verwenden wie oben gezeigt. Notieren Sie den Satz in Ihrem Notizbuch.

Überzeugende Expertenzitate

- »John Oppenheimer, Nobelpreisträger des Jahres 1992, sagte: ›Diese Methode hat mir in meiner Karriere mehr geholfen als alles andere.‹«
- »Karl Kantor, weltweit anerkannter Experte auf dem Gebiet der Brandbekämpfung, sagte: ›Wenn Sie das tun, retten Sie nicht nur Ihr eigenes Leben, sondern auch das anderer Menschen.‹«

> ### Zitate als Beweise
> Nehmen Sie nochmals dasselbe Faktum, und kreieren Sie einen Beweissatz, in den Sie ein Zitat integrieren. Notieren Sie sich den Satz in Ihrem Notizbuch.

Wenn Sie jemand anders sprechen hören, der keine Beweise verwendet, versuchen Sie sich vorzustellen, was Sie an seiner Stelle sagen könnten, um die Aussage mit Beweisen zu untermauern.

Entwickeln wir jetzt die Aussagekraft Ihrer Formel.

11 Worum geht es eigentlich?

Haben Sie jemals irgendeinem Menschen zugehört – Ihrem Ehepartner, Ihrem besten Freund/Ihrer besten Freundin, Ihrem Arzt, einem Politiker – und sich gefragt: »Was will er/sie aussagen, worauf will er/sie hinaus?«

Der Grund für solche Unklarheiten ist der: Die Person, die gerade spricht, weiß genau, was sie sagen will, und deshalb scheint ihr die Sache so offensichtlich zu sein, daß sie keiner Erklärung bedarf. Sie sollten sich aber vor Augen halten, daß Ihr Zuhörer normalerweise nicht weiß, worauf Sie hinaus wollen, und er hat auch nicht Ihr Hintergrundwissen und Ihren Redeplan. Aus diesem Grund sollten Sie die Vermittlung Ihres Standpunktes niemals dem Zufall überlassen. Sie sollten ihn klar formulieren.

Vielleicht müssen Sie ihn mehr als einmal wiederholen. Es gibt keine Regel, die besagt, daß Sie Ihre Hauptaussage nicht einmal zu Anfang und ein zweites Mal am Ende bringen sollten, nachdem Sie Ihre logischen und emotionalen Beweise ins Treffen geführt haben. Das würde so aussehen:

– Aussage
– Emotionaler Beweis
– Logischer Beweis
– Aussage

Zum Beispiel: »*Vielen Dank für Ihre Einführung, Margaret. Guten Morgen meine Damen und Herren. Heute möchte ich Ihnen darlegen, wie wichtig es ist, daß Sie Ihre Kinder über den Drogenmißbrauch in der heutigen Gesellschaft aufklären.*

11 Worum geht es eigentlich?

Im Jahr 1986 traf ich auf einer Reise von Prag nach New York ...

Forschungsergebnisse haben gezeigt, daß 83% aller jungen Erwachsenen zwischen 18 und 21 ...

Das wichtigste ist, daß wir unsere Kinder vor dem in unserer Gesellschaft verbreiteten Drogenmißbrauch warnen. Das ist unsere Pflicht; da gibt es nichts, was wir wahlweise tun können oder auch nicht. (Das ist Ihre Aussage.)

Oder Sie können sofort mit Ihrem emotionalen Beweis starten, dann den logischen Beweis vorbringen und dann die Aussage. Oder Sie beginnen sofort mit Ihrem logischen Beweis: *»Vielen Dank ... Guten Morgen ... Forschungsergebnisse haben gezeigt, daß 83% aller ...«*, gehen dann zum emotionalen Beweis über und formulieren danach Ihre Aussage.

Der springende Punkt ist, daß Sie eine Aussage im Kopf haben und sie auch klar und prägnant verbalisieren müssen.

Machen Sie nicht den Fehler, den ich zu machen pflegte. Ich befürchtete oft, daß es, wenn ich meine Aussage klar formulierte, so wirken würde, als ob ich meine Zuhörer von oben herab behandelte. Aber das stimmt nicht. Versetzen Sie sich nur einmal in die Lage des Zuhörers. Er hört zu, und er wird von Ihnen mit Informationen bombardiert – mit Worten, Worten und nochmals Worten. Sein Verstand arbeitet in rasendem Tempo. Er versucht, die Dinge, die Sie sagen, mit irgend etwas zu verknüpfen. Es ist wie bei einem Puzzlespiel. Er versucht, Verbindungen herzustellen. Wenn Sie feststellen: »Was ich eigentlich sagen will, ist ...«, sei es nun zu Beginn oder am Ende oder sowohl als auch, dann bedeutet das eine Erleichterung für sein Gehirn – »Uff, so paßt das also zusammen, das will er/sie also aussagen.«

Aufgrund der Kommentare, die ich nach meinen Reden gehört habe, bin ich davon überzeugt, daß mein Grundsatz, die Hauptaussage niemals wegzulassen, meine Reden viel eindrucksvoller gemacht hat.

*Teil II
Klarheit
und Glaub-
würdigkeit*

Kommen Sie auf den Punkt

Stellen Sie sich vor, Sie werden eingeladen, vor einer Gruppe über ein allgemeines gesellschaftliches Thema zu sprechen. Wählen Sie etwas, was Ihnen sehr am Herzen liegt. Definieren Sie, welche Aussage Sie treffen wollen. Bringen Sie dann eine Anekdote als Ihren emotionalen Beweis. Dann den logischen Beweis in Form von Zahlen/Statistiken oder Referenzen oder Expertenzitaten. Und schließlich nochmals Ihre Aussage. Sie können das alles in fünf oder sechs Sätze packen.

Es sollte folgendermaßen aussehen:

– Aussage
– Emotionaler Beweis
– Logischer Beweis (oder vice versa)
– Aussage

Notieren Sie die Sätze in Ihrem Notizbuch. Sie werden sehen, daß es einfacher ist, als Sie glauben.

Wie ging es? Manchmal ist das Formulieren der Aussage, die Sie treffen wollen, der schwierigste Teil. Die Menschen möchten viele Fakten vermitteln, aber wenn sie diese Fakten nicht mit einer Aussage verbinden, wirkt das Ganze rasch wie ein aus Resten zusammengewürfeltes Gulasch. Ein kleines bißchen von allem, aber nichts im besonderen.

Sie werden nicht zulassen, daß es auch Ihnen so geht, weil Sie jetzt eine Formel an der Hand haben.

Worum geht es eigentlich?

Untermauern Sie Ihre Aussage

Stellen Sie sich vor, Sie würden an Ihrem Arbeitsplatz dazu aufgefordert, eine Aussage zu einem stark gefühlsbesetzten Thema zu vertreten. Entscheiden Sie, welche Aussage das sein könnte. Führen Sie dann eine Begebenheit als Ihren emotionalen Beweis an. Zitieren Sie Statistiken als logischen Beweis. Formulieren Sie schließlich nochmals Ihre Aussage.

Versuchen Sie, das Ganze in nur fünf oder sechs Sätzen zu bewältigen. Das wird die Klarheit Ihrer Botschaft erhöhen. Beim Sprechen gilt: In der Kürze liegt die Würze; Weitschweifigkeit ist ermüdend und langweilig.

Es sollte so aussehen:

– Aussage
– Emotionaler Beweis
– Logischer Beweis (oder vice versa)
– Aussage

Machen Sie eine Eintragung in Ihrem Notizbuch und sehen Sie sich an, was Sie bekommen. Sie werden vielleicht von sich selbst überrascht sein.

Behindern Sie sich nicht selbst. Versuchen Sie's einfach, und Sie werden wahrscheinlich feststellen, daß Ihnen die Sache jetzt leichter von der Hand geht. Übungen wie diese werden Ihnen helfen, sowohl im Beruf als auch vor Publikum spontaner zu agieren.

Sehen wir uns nun die Redestrukturen an.

12 Strukturieren Sie Ihre Rede

Winston Churchill sagte einmal: »Wenn Sie ein Parlamentarier sind, können Sie ein Argument bringen. Wenn Sie ein Minister sind, können Sie zwei Argumente bringen. Wenn Sie der Premierminister sind, können Sie drei Argumente bringen.«

Ich fürchte, viele Menschen – Chefs, Manager, Eltern, Lehrer, Experten –, mich selbst eingeschlossen, vergessen, daß wir nicht der Premierminister sind. Tatsache ist, daß wir viel effektiver sein können, wenn wir ein und nur ein Argument unterstreichen. Damit meine ich, daß wir uns auf eine Botschaft beschränken sollten. Alle Aussagen und die mit ihnen verbundenen Beweise dienen dazu, eine Botschaft zu vermitteln und zu unterstreichen.

Hier ist ein Beispiel: Eine meiner Lieblingsbotschaften lautet, daß wir mehr Positives in unser Leben bringen müssen. Das ist meine Botschaft. Dann bringe ich mehrere Aussagen und dazugehörige Beweise vor, um zu zeigen, weshalb dies wichtig ist und wie man es bewerkstelligen kann. Die Struktur sieht ungefähr so aus wie auf der rechten Seite dargestellt.

Wir können viel von Drehbuchautoren lernen, die jede Szene und jede Dialogzeile so konzipieren, daß sie zu dem Schlüsselpunkt der Handlung hinleitet. Es gibt keine unnötigen Textzeilen und keine unnötigen Szenen. Alles ist aus einem bestimmten Grund vorhanden. Ein Hinweis auf einen Charakter. Ein Vorgeschmack (Hinweis) dessen, was noch kommen wird.

Beim Redenhalten ist es genauso. Sie müssen Ihre Botschaft genau kennen, so wie die Schlüsselstelle in einem

12 Strukturieren Sie Ihre Rede

② **Weshalb wichtig**
Aussage
Emotionaler Beweis
Logischer Beweis
(in beliebiger Reihenfolge)

⑥ **Wie man es macht**
Logischer Beweis
Logischer Beweis
Emotionaler Beweis
Aussage (ist oft eine Aufforderung zum Handeln)
(in beliebiger Reihenfolge)

① **Botschaft**
»Positives ins Leben bringen«

③ **Weshalb wichtig**
Aussage
Logischer Beweis
Emotionaler Beweis
Aussage
(in beliebiger Reihenfolge)

⑤ **Wie man es macht**
Emotionaler Beweis
Logischer Beweis
Aussage
(in beliebiger Reihenfolge)

④ **Weshalb wichtig**
Emotionaler Beweis
Emotionaler Beweis
Logischer Beweis
Aussage
(in beliebiger Reihenfolge)

Film. Dann muß jede Aussage und jeder zugehörige Beweis zu dieser Aussage hinführen und sie untermauern. Wenn Sie Ihre Rede derart konzipiert haben, wird Ihr Publikum mit

*Teil II
Klarheit
und Glaub-
würdigkeit*

dem Gefühl weggehen: »Wow, was für eine eindrucksvolle Botschaft«, denn Sie werden Ihre Zuhörer in irgendeiner Weise bewegt haben.

Die Technik, Ihre Rede zu strukturieren, ist eigentlich sehr simpel. Es geht darum, Ihre Aussagen und die zugehörigen Beweise zu vervielfachen – sowohl die logischen als auch die emotionalen – und sicherzustellen, daß sie alle Ihre Botschaft unterstützen. Voilà! Das ist es auch schon.

Struktur

Nehmen Sie sich jetzt einen Moment Zeit, und versuchen Sie, eine Rede zu strukturieren. Wählen Sie ein Thema aus Ihrem Berufsleben oder ein allgemein gesellschaftliches Thema aus. Entscheiden Sie sich für etwas, was Ihnen sehr wichtig ist, vielleicht die Firmenstrategie oder das Bildungssystem, die Umwelt, Kriminalität. Es kann etwas sein, worüber Sie tatsächlich sprechen müssen, oder auch ein hypothetisches Thema. Beides ist eine exzellente Übung. Verwenden Sie die im folgenden aufgeführten Fragen.

Entwerfen Sie jetzt in Ihrem Notizbuch eine Rede, Aussage für Aussage.

1. Wie lautet die Hauptaussage, die ich vermitteln will? Formulieren Sie sie in zwei oder drei Worten.
2. Weshalb ist das wichtig? Halten Sie sich an folgende Struktur, um dies zu formulieren:
   a) Was ich sagen will, ist, daß …
   b) Erzählen Sie eine Geschichte als Ihren emotionalen Beweis …
   c) Bringen Sie Ihren logischen Beweis …
   (in beliebiger Reihenfolge)

> 3. Wiederholen Sie die Struktur von Punkt 2; fragen Sie entweder nochmals »Weshalb ist das wichtig« oder aber »Was passiert, wenn wir das nicht tun«.
> 4. Wiederholen Sie die Struktur von Punkt 2 nochmals mit neuen Variationen in Abhängigkeit von der Länge Ihrer Rede.
> 5. und 6. Führen Sie aus, wie man es machen sollte und/oder wie man es nicht machen sollte. Halten Sie sich dabei an folgende Struktur:
>   a) Erzählen Sie eine Geschichte als Ihren emotionalen Beweis
>   b) Bringen Sie Ihren logischen Beweis
>   c) Formulieren Sie Ihre Aussage (oft ist das ein Aufruf an Ihr Publikum, aktiv zu werden)
>   (Vielleicht wollen Sie a und b auch vertauschen.)
>   Wenn Ihre Aussage in einem Handlungsaufruf besteht, wirkt sie ganz am Ende am besten.

Meine Gratulation. Wenn Sie morgens aufstehen und eine Rede halten müssen, was möglicherweise der Fall sein könnte, dann werden Sie mit dieser Struktur sicherlich gut beraten sein. Sie können sicher sein, daß Sie als professionell empfunden werden.

Notizen oder keine Notizen

Wenn Sie Ihre Rede halten, wird sich für Sie die Frage stellen, ob Sie Notizen verwenden sollten oder nicht. Ich bevorzuge es, mit einer Liste von Schlagwörtern zu arbeiten. Eine solche Liste könnte etwa folgendermaßen aussehen:

*Teil II
Klarheit
und Glaub-
würdigkeit*

Name der Organisation
Datum, Ort
Titel der Rede: »Sie können es schaffen.«

- Flugzeuggeschichte
- Kinder 6–12
- Frau LA
- Kieselsteine im Teich
- Fachzeitschrift
- Mercedes
- Tom
- Sony
- Pfeifen
- Selbstgespräch
- Frau als Unternehmerin
- Übersicht %
- Rote Jacke Australien
- eindrucksvoller Schluß – Aufruf zum Handeln

Dann versuche ich, keinen einzigen Blick auf diese Liste zu werfen. Aber ich habe Sie auf einem Tisch oder einem Pult liegen, so daß ich kurz nachschauen kann, wenn es nötig sein sollte.

Gelegentlich spreche ich bei Konferenzen, bei denen der Redetext als schriftliche Unterlage verteilt wird. In diesem Fall schreibe ich die Rede nieder, aber ich spreche dennoch nach meiner Schlagwortliste, niemals nach dem ausformulierten Text.

Einmal hatte ich in Singapur viermal an einem Tag eine Rede zu halten, wobei das Thema im wesentlichen immer dasselbe war; ich wandelte die Rede jedesmal nur ein klein wenig ab, um sie auf das jeweilige Publikum abzustimmen. Eine Frau kam zu mir und sagte: »Ach, Christine, als ich gestern Ihre Rede hörte, da schien sie mir so natürlich, daß ich dachte, Sie hätten sie zum allererstenmal gehalten. Ich war ungeheuer überrascht, als ich heute dasselbe noch einmal hörte und es ebenso natürlich klang! Wie machen Sie das nur?« Für mich war das das größte Kompliment, das man mir hätte machen können.

Als Redner müssen wir hart daran arbeiten, ›natürlich‹ zu klingen. Die Schlagwortliste wird Ihnen dabei helfen. Sie werden niemals natürlich klingen, wenn Sie lesen oder einen im vorhinein voll ausformulierten Text referieren. Lassen Sie sich nicht dazu verführen, das zu tun, nicht einmal bei Ihrer ersten Rede. Beginnen Sie so, wie Sie weiterzumachen gedenken. Sie können es schaffen.

In den folgenden Kapiteln geben wir Ihnen einige Tips, wie Sie Ihre Redestruktur eindrucksvoller und effektvoller gestalten können. In Kapitel 23 finden Sie eine Redeplanungsmatrix, die Ihnen ebenfalls bei der Strukturierung helfen wird.

Beschäftigen wir uns jetzt mit Analogien, Geschichten und Begebenheiten, die Ihnen helfen sollen, stärkeren Eindruck zu machen, und auch damit, wie Sie es vermeiden können, sich zu blamieren.

12 Strukturieren Sie Ihre Rede

EFFEKT UND EINDRUCK

Teil III

Die Lebendigkeit Ihrer Präsentation

Wenn Sie jemals eine Situation erlebt haben, in der Sie die Chance gehabt hätten, einen starken Eindruck zu machen, Ihnen aber erst *nach* dem Ereignis eingefallen ist, was Sie eigentlich hätten sagen müssen, dann werden Sie diesen Teil als äußerst wertvoll empfinden. Sie werden lernen, wie Sie es vermeiden können, sich zu blamieren, wie Sie Analogien, Geschichten und Begebenheiten einflechten können, die einen bleibenden Eindruck hinterlassen, und wie Sie eine wirkungsvolle Einleitung gestalten können, die Vitalität und Energie in Ihre Präsentation bringt. Die Aufforderung, eine Rede oder Präsentation zu halten, wird Sie nie mehr unvorbereitet treffen.

13 Wie Sie vermeiden, sich zu blamieren

Diskreditierende Einleitungen

Haben Sie jemals gehört, daß jemand in einem Meeting oder in einer privaten Konversation mit Worten eröffnete wie: »Ich weiß nicht, ob das wichtig ist oder nicht, aber ...«?

Was bewirkt diese Einleitung? Sie weckt im Zuhörer sofort Zweifel. Es ist, als ob eine Sirene aufheulte: »Nicht wichtig, nicht wichtig«. Wenn das passiert, büßen sowohl die Aussage als auch der Redner ihre Glaubwürdigkeit ein.

Die meisten Menschen, die das tun, tun es unabsichtlich. Sie merken es oft nicht einmal. Wenn Sie einer dieser Menschen sind, dann hören Sie sofort damit auf. Wenn Ihre Kollegen es tun, geben Sie Ihnen diesen Abschnitt zu lesen und bringen Sie sie dazu, damit aufzuhören. Es ist ein Jammer, wenn man gute Ideen hat und diese nur deswegen verlorengehen und ignoriert werden, weil man eine Gewohnheit hat, mit der man sich selbst alles kaputtmacht.

Hören Sie sich selbst beim Reden zu. Haben Sie andere diskreditierende Gewohnheiten? Manche Menschen sagen: »Vielleicht ist das irrelevant, aber ...« Andere sagen: »Ich bin hierin kein Experte, aber ...« Ein weiteres Beispiel sind Leute, die immer zunächst mit »Nein« antworten, wenn sie gefragt werden, ob sie etwas tun könnten. Jeder hört dann weg, weil er annimmt, die Person könne die betreffende Sache nicht tun; der Redner aber fährt inzwischen fort und erklärt, wie die Sache doch zu bewerkstelligen *ist*. Das klingt etwa so: »Joe, glaubst du, daß es möglich ist, einen Epson Drucker an ein Macintosh Powerbook anzuschließen?«

*Teil III
Effekt
und
Eindruck*

Joes Antwort: »Nein – ich müßte zuerst das richtige Kabel haben, und außerdem braucht die Maschine das richtige Interface.« Joe meint eigentlich ja, er könne es, aber sein Zuhörer ist bereits zur Tür hinaus, weil er denkt, Joe sehe keine Möglichkeit. Welche Signale senden Sie aus? Vermitteln sie ein positives Bild von Ihnen, oder sind sie diskreditierend? Im folgenden wird eine Möglichkeit skizziert, wie Sie hier Abhilfe schaffen können.

Einleitungen, die Vertrauen aufbauen

Jedermann kann diese Einleitungen verwenden, um seine Glaubwürdigkeit und die Eindrücklichkeit seiner Botschaft zu erhöhen. Das Konzept ist simpel. Sie brauchen nur klarzustellen, weshalb der Zuhörer der Aussage Glauben schenken sollte.

Ihre Einleitung kann eine der folgenden Formen haben:

1. Persönliche Glaubwürdigkeit:
   »Als ich Vorsitzende der Londoner Handelskammer war, fand ich heraus … (formulieren Sie Ihre Aussage).«
2. Glaubwürdigkeit durch Experten:
   »Mary Kay, Gründerin einer der größten Direktmarketing-Organisationen der Welt, ist der Ansicht, daß … (formulieren Sie Ihre Aussage).«
3. Glaubwürdigkeit durch eine renommierte Quelle:
   »In der Ausgabe des Wall Street Journal vom 22. Januar wird erklärt, daß … (formulieren Sie Ihre Aussage).«

Sind Sie bereit, es zu versuchen? Gut. Fangen Sie an. Sie werden sehen, es ist einfacher, als Sie glauben.

> *Persönliche Glaubwürdigkeit*
>
> Denken Sie sich irgendeine beliebige Aussage aus, die Sie über Ihr Berufsleben oder Hobby treffen könnten. Versuchen Sie etwas auszuwählen, worüber Sie aller Voraussicht nach tatsächlich werden sprechen müssen.
>
> Formulieren Sie die Aussage in Ihrem Kopf definitiv aus, beispielsweise »Die Menschen, die in diesem Beruf am raschesten vorwärtskommen, sind jene, die ...«
>
> Entwickeln Sie jetzt Ihre Einleitung für persönliche Glaubwürdigkeit. Sie könnte folgendermaßen klingen: »Im Laufe der acht Jahre, die ich jetzt in diesem Geschäft bin, habe ich in drei verschiedenen großen und kleinen Firmen gearbeitet, und dabei konnte ich beobachten, daß die Menschen, die am raschesten vorwärtskommen, diejenigen sind, die ...«
>
> Denken Sie an Ihre Qualifikationen auf Ihrem Gebiet, und wählen Sie als Einleitung etwas, was Ihrer persönlichen Aussage Glaubwürdigkeit verleiht.

Verwechseln Sie das nicht mit Prahlerei. Sie verleihen lediglich Ihrer Aussage die Glaubwürdigkeit, die nötig ist, damit sie ernst genommen wird. Sehen Sie es so. Wenn Sie nicht wollten, daß Ihre Aussage ernst genommen wird, dann brauchten Sie überhaupt nichts zu sagen. Wieso also nicht ihr die Substanz geben, die sie braucht?

Ich bin der Ansicht, daß unsere Ideen es verdienen, ernst genommen zu werden. Wenn nur wenige Menschen Glaubwürdigkeit vermitteln, dann trifft die Welt Entscheidungen, die nur auf der Meinung einiger weniger Menschen basieren. Ich hoffe, daß Sie heute dieses Gleichgewicht ein wenig verschieben werden.

*Teil III
Effekt
und
Eindruck*

Berufen Sie sich auf Experten

Machen Sie jetzt dasselbe nochmals, wählen Sie aber eine Einleitung, die auf der Glaubwürdigkeit von Experten beruht. Tun Sie das jetzt. Sie können die Einleitung sprechen oder niederschreiben.

Ziehen Sie renommierte Quellen heran

Machen Sie jetzt dasselbe nochmals, wählen Sie aber eine Einleitung, die sich auf renommierte Quellen beruft. Wenn Sie sich nicht erinnern können, etwas gelesen zu haben, was mit Ihrer Aussage zusammenhängt, macht das nichts. Das ist nur eine fiktive Übung. Aber von nun an werden Sie Augen und Ohren offenhalten; Sie werden auf Fakten dieser Art achten und sie zur späteren Verwendung in Ihrem »Gehirncomputer« abspeichern.

Erfinden Sie jetzt etwas, setzen Sie es in Beziehung zu Ihrer Aussage, sprechen Sie es, oder schreiben Sie es nieder.

Ganz einfach, nicht? In Ordnung. Jetzt sind Sie soweit, daß Sie darangehen können, Ihre Kommunikation eindrücklicher zu gestalten.

14 Meisterhaft improvisieren

1985 nahm ich in London an einem Radio-Redemarathon teil, der einem wohltätigen Zweck gewidmet war und bei dem ich eine wertvolle Lektion lernte. Mein Partner, Derek Coltman vom Institute of Directors, und ich mußten 16 Runden miteinander austragen und dabei über jedes zufällig gezogene Thema reden. Wir durften keine Redepausen machen, die länger als sechs Stunden dauerten.

Die Regeln lauteten, daß man sich eng an das vorgegebene Thema zu halten hatte und daß jeder der beiden Teilnehmer etwa gleichviel reden mußte. Es gab an jedem Teamtisch einen Schiedsrichter, um sicherzustellen, daß die Regeln eingehalten wurden. Insgesamt redeten wir sechs Stunden lang; die gesamte Redezeit wurde im Radio übertragen.

Ich werde Ihnen meine Gefühle vor und nach dem Marathon beschreiben, weil darin eine für Sie wichtige Botschaft steckt.

Vor dem Ereignis war ich, sagen wir, *reserviert* enthusiastisch. Damit meine ich, daß ich enthusiastisch war angesichts der Aussicht, mich an einem dermaßen verrückten Wettbewerb zu beteiligen und an die Grenzen meiner Leistungsfähigkeit vorzustoßen. Andererseits zweifelte ich daran, in überzeugender Weise ununterbrochen über ein beliebiges Thema sprechen zu können, das mir vorgelegt wurde, und das acht Stunden lang. Ohne Unterbrechung.

Aber nach der vierten Runde traf mich ein Blitz der Erkenntnis. Ich entdeckte, daß wir alle einen dermaßen reichhaltigen Schatz an Erfahrungen haben, auf die wir zurückgreifen können, daß wir beinahe zu jedem Thema etwas Relevantes

*Teil III
Effekt
und
Eindruck*

zu sagen haben, wenn wir unter Druck gesetzt werden, uns dazu zu äußern. Nach vier Stunden fühlte ich mich, als ob ich buchstäblich für immer weiterreden könnte – im Vergleich zu der ängstlichen Einstellung, mit der ich in den Wettbewerb gegangen war, eine bemerkenswerte Veränderung.

Welche Lektionen habe ich daraus gelernt? Mehrere ...

1. Wir wissen nicht wirklich, über welche Fähigkeiten wir verfügen, solange wir nicht in die Lage kommen, sie zu testen – oft halten wir uns selbst zurück und haben falsche Meinungen über unsere Fähigkeiten.
2. Wir alle können auf die Erfahrungen eines ganzen Lebens zurückgreifen, und unser Gehirn ist dazu auch in der Lage, wenn es unter Druck steht.
3. Wir können scheinbar unzusammenhängende Fakten sinnvoll verknüpfen, und das selbst während wir sprechen. Es muß nicht vorher geplant werden.
4. Es ist nur wenig Übung erforderlich, um zu lernen, wie man Konzepte oder Fakten miteinander verbindet und darin zum Meister wird.

Wie können nun Sie aus diesen Erfahrungen lernen? Als ich in meiner Jugend einen Kurs über das Reden vor Publikum besuchte, zogen wir Begriffe aus einem Hut – es handelte sich um ganz gewöhnliche Wörter wie etwa Fahrrad, Baum, Bank, Strand, etc. –, und wir mußten eine wahre Geschichte aus unserem Leben erzählen, die in irgendeinem Zusammenhang mit diesem Wort stand. Es erschien uns zunächst schwierig, aber es war dann doch ganz einfach. Alle Teilnehmer schafften es mit Leichtigkeit. Später, als ich unterrichtete, probierte ich dieselbe Übung mit meiner Klasse in der Highschool, um das Selbstbewußtsein meiner Schüler zu stärken und ihnen zu helfen, ihre Führungsqualitäten weiterzuentwickeln. Es funktionierte ganz wunderbar. Jetzt machen wir etwas ganz Ähnliches in unserem Kurs über das Reden vor Publikum, und wieder sind die Resultate, die wir erzielen, hervorragend. Die Übung stärkt nicht nur das Selbstbewußtsein, sondern sie hilft den Menschen, Experten im raschen Finden von eindrucksvollen Antworten zu werden, genau wie das Erlebnis beim Radio mir dazu verholfen hat. Die Übung bewirkt einfach, daß das Gehirn rascher Informationen aus unserem Langzeitgedächtnis abruft. Es ist so, als ob Sie den Chip in Ihrem Computer auswechselten, damit er rascher läuft.

Denken Sie daran, daß Sie *wahre* Ereignisse aus Ihrem Leben verwenden sollten. Wahre Geschichten erhöhen Ihre Glaubwürdigkeit. Erfundene Geschichten, die Sie als wahr verkaufen, zerstören hingegen Ihre Glaubwürdigkeit.

Versuchen Sie jetzt diese Übung zu machen. Sie werden Spaß dabei haben. Schieben Sie es nicht hinaus – Sie können sie auf Ihrem Stuhl sitzend machen oder wo immer Sie sind – Eisenbahn, Bus, Flugzeug. Sie brauchen sich nichts zu notieren, und niemand in Ihrer Nähe wird wissen, was Sie tun.

Abrufen von Assoziationen

Schauen Sie jetzt kurz auf und merken Sie sich irgendein beliebiges Objekt, das Sie sehen. Es könnte ein Bild sein, ein Werbeplakat, ein Blatt Papier, eine Lampe, ein Fenster. Lassen Sie Ihre Gedanken jetzt zu irgendeinem Ereignis *in Ihrer Kindheit* wandern, bei dem dieser Gegenstand eine Rolle gespielt hat. Erzählen Sie sich die Geschichte in einem inneren Monolog.

Wenn Sie diese Übungen mit einem Freund machen, sprechen Sie laut. Es muß eine wahre Geschichte sein.

Beispielsweise: *Baum* – »Ich erinnere mich an die

*Teil III
Effekt
und
Eindruck*

Zeit, als ich ungefähr fünf Jahre alt war und wir in Chicago lebten. Meine Familie fuhr oft in eine wunderschöne Gegend aufs Land. Es gab dort einen großen Fluß – ich erinnere mich noch an das Geräusch des dahinströmenden Wassers. Wir Kinder – meine Cousinen und ich – kletterten immer die Uferhänge hinunter, über die Blätter, die von den Bäumen gefallen waren. Es war so schön schattig unter den *Bäumen*. Es war so schön, und irgendwie hatte es einen Hauch von Abenteuer ...

Versuchen jetzt Sie es. Wählen Sie eine wahre Geschichte aus Ihrer *Kindheit*. Das wird Sie auflockern. Wir werden später auf das Erwachsenenleben zu sprechen kommen.

In Ordnung. Hat es nicht gut geklappt? Überhaupt nicht beängstigend. Machen wir jetzt das Ganze noch einmal, und konzentrieren wir uns diesmal auf ein spezifischeres Thema.

Bringen Sie Ihre grauen Zellen auf Trab

Wo immer Sie sich gerade befinden – schauen Sie jetzt auf, und wählen Sie irgendeinen Gegenstand aus. Es kann ein Aschenbecher sein, ein Teppich, eine Lampe oder ein Baum, was immer Ihnen ins Auge fällt. Prägen Sie sich Ihren Gegenstand gründlich ein, bevor ich Ihnen sage, womit Sie ihn in Verbindung bringen sollen. Bleiben Sie bei dem gewählten Gegenstand; er wird Ihnen helfen, Ihre Fähigkeit zur Herstel-

14 Meisterhaft improvisieren

lung von Verknüpfungen zu schulen. Ich möchte jetzt, daß Sie an Ihren ersten Job denken und Ihre Gedanken von Begebenheit zu Begebenheit *in diesem ersten Job* wandern lassen, bis Sie zu einer Szene kommen, in die dieser Gegenstand hineinpaßt. Erzählen Sie dann eine wahre Geschichte in Form eines inneren Dialogs oder auch laut, ganz wie Sie wollen.

Hier ist zunächst ein Beispiel. *Stuhl* – »Als ich 15 war, lebten wir in Kalifornien, und ich beschloß, daß ich versuchen wollte, einen Job für Samstage und Feiertage zu finden. Alle meine Freunde sagten mir, daß das wirklich schwierig sei, zumal wir erst 15 waren und das offizielle Alter, ab dem wir arbeiten durften, bei 16 lag. Außerdem gab es mehr Bewerber – in allen Altersgruppen – als Jobs. Ich wußte, daß es schwierig werden würde, also wählte ich mein Ziel dementsprechend: Ich nahm mir vor, in *jedes* Geschäft entlang der Hauptstraße meiner Stadt zu gehen. Anfangen würde ich, indem ich die drei Blocks mit Geschäften der rechten Straßenseite abklapperte. Dann wollte ich die Straßenseite wechseln und mir die linke Seite vornehmen.

Das war mein Plan.

Ich fing an, und ich behielt recht. Es war schwierig. ›Wir brauchen keine Hilfe‹, ›wir brauchen keine Hilfe‹. Manche Geschäfte hatten sogar ein Schild, auf dem stand ›Wir stellen niemand ein‹. Aber ich blieb hartnäckig. Nach der rechten Seite begann ich mit der linken, und auf halber Strecke kam ich in ein Buch- und Papiergeschäft. Auf einem *Stuhl* hinter dem Ladentisch, gleich neben der Kasse, saß eine Frau. »Haben Sie vielleicht irgendeinen Job zu vergeben?« fragte ich.

*Teil III
Effekt
und
Eindruck*

Sie musterte mich von Kopf bis Fuß wie bei einem Appell in der Armee, und dann machte sie eine Kopfbewegung nach rechts, in Richtung Hinterzimmer, und sagte: »Geh zum Chef. Er ist im Lager.« Ich ging schwungvoll nach hinten, fand das Lager und sah einen Mann, der auf einem *Stuhl* saß und Papierblätter zählte.

»Entschuldigen Sie«, sagte ich, »ist bei Ihnen vielleicht ein Samstagsjob frei?«

»Hm«, sagte er und sah mir gerade ins Gesicht. »Na ja, mir gefällt dein Lächeln«, meinte er. »Das ist wichtig im Einzelhandel. In Ordnung. Wie alt bist du?«

Oje. »Fünfzehn«, sagte ich voller Zuversicht. Ich wollte den Job jetzt nicht mehr verlieren.

»Aha«, sagte er, »hm … na gut, wir werden dich im Rahmen des Jugendbeschäftigungsprogramms einstellen. Geh jetzt nach vorn und füll die Formulare aus.«

Das war der glücklichste Tag meines fünfzehnjährigen Lebens. Ende der Geschichte.

Jetzt versuchen Sie's. Bringen Sie Ihren Gegenstand in Verbindung mit Ihrem ersten Job. Als ich den Begriff »Stuhl« auswählte, brauchte ich mehrere Sekunden, um mich an einen Stuhl in irgendeiner Szene aus meinem ersten Job zu erinnern. Dann fiel mir die Frau hinter dem Ladentisch neben der Kasse ein. Lassen Sie Ihre Gedanken ebenso schweifen. Lassen Sie all die Erinnerungen in Ihrem Kopf vorbeiziehen, so als ob Sie sich eine Diashow ansähen oder ein Fotoalbum durchblätterten. Sie *werden* diesem Gegenstand in Ihrem ersten Job begegnen.

Viel Spaß. Lassen Sie sich jetzt Ihre Geschichte einfallen.

Wie ist es gelaufen? Seien Sie nicht streng mit sich selbst. Wenn wir weitergehen, werden Sie sehen, wie rasch Ihre Fähigkeit, Verbindungen herzustellen, sich weiterentwickelt. Beschäftigen wir uns jetzt ein wenig genauer mit Ihrem Berufsleben.

14 Meisterhaft improvisieren

Mobilisieren Sie Ihr optisches Gedächtnis

Schauen Sie wieder auf, und suchen Sie sich noch ein Objekt aus. Nehmen Sie sich eine Minute Zeit, um eines auszuwählen. Diesmal versuchen Sie nun, es mit einem Vorfall zu verbinden, den Sie in Ihrem gegenwärtigen Job erlebt haben.

Hier ist ein Beispiel: *Stufen* – »In meiner Funktion als professionelle Rednerin möchte ich Ihnen die folgende wahre Geschichte erzählen. Eine Triathlon-Meisterin wurde gefragt, was ihrer Meinung nach die vielversprechendste Art Vorbereitung sei, wenn man in drei solch schwieriger Wettbewerbe jeweils den ersten Platz belegen wolle.

Ich gehe zu einer Stelle auf der Bühne und zeige dem Publikum drei imaginäre *Stufen,* auf denen die Goldmedaillengewinnerin steht; dann halte ich vor der Stufe der Siegerin das Mikrofon hoch und stelle ihr die Frage: ›Was ist die beste Vorbereitung für jemanden, der eine Siegerin wie Sie sein möchte?‹

Sie denkt einen Moment nach und antwortet dann: ›Die Fähigkeit, sich selbst als Siegerin hier oben auf der obersten *Stufe* des Siegespodests stehen zu sehen.‹

Die meisten Menschen glauben, ihre Antwort werde lauten ›jeden Tag hart trainieren‹ oder ›Schritt für Schritt Ziele erreichen‹. Aber nein. Sie antwortet: ›sich

*Teil III
Effekt
und
Eindruck*

> selbst auf der obersten *Stufe* stehen zu sehen‹. Das beweist, daß wir den Erfolg visualisieren müssen, bevor wir ihn tatsächlich haben.« Ende der Geschichte.
>
> Ich habe diese Übung genauso gemacht wie Sie sie machen werden. Ich habe aufgeschaut. Ich sah die Stufen. Ich sagte mir, ok, das Objekt sind die Stufen. Dann dachte ich verschiedene Aspekte meines Berufs als Rednerin durch. Ich ließ Bilder aus verschiedensten Szenarien vor meinen Augen vorbeiziehen, bis ich zu diesem kam, das mir gefiel.
>
> Sie können dasselbe tun. Lassen Sie einfach die Bilder aus Ihrem optischen Gedächtnis aufsteigen. Irgendwann wird etwas darunter sein, was Sie mögen.
>
> Erzählen Sie sich die Geschichte im Geist oder verbal; Sie können sie aber auch niederschreiben, wenn Ihnen das angenehmer ist.

So weit, so gut. Nun bitte ich Sie, für die Aufgabe, die ich jetzt für Sie habe, die nächsten sieben Tage zu üben.

Tägliche Chancen

Wählen Sie jeden Morgen auf dem Weg zur Arbeit – oder wo immer Sie hingehen – ein Objekt aus, irgendein beliebiges Objekt. Sorgen Sie dabei für soviel Abwechslung wie möglich. Bringen Sie das erste Objekt in Verbindung mit einem *Erlebnis aus Ihrer Kindheit* und spinnen Sie Ihre Geschichte. Wählen Sie ein zweites Objekt aus und verbinden Sie es mit Ihrem *ersten Job*.

> Suchen Sie sich ein drittes Objekt aus, und verknüpfen Sie es mit Ihrem *gegenwärtigen Job*.
> Wiederholen Sie diesen dreiteiligen Zyklus sieben Tage lang, und am Ende werden Sie 21 Übungen absolviert haben – plus die drei hier. Sie werden überrascht sein, wie schnell Ihr Gehirn mit Hilfe dieser 24 Übungen lernen wird, Informationen aus Ihrem Langzeitgedächtnis hervorzuholen, die Ihnen dabei helfen, ohne lange Vorbereitung immer eine ausdrucksstarke Antwort parat zu haben.

Sie werden erstaunt sein, festzustellen, wie rasch Sie in verschiedenen beruflichen Situationen oder bei geschäftlichen Meetings reagieren. Wenn Sie in der Vergangenheit oft als letzter reagierten, so werden Sie in Zukunft Mühe haben, sich zurückzuhalten, um nicht immer als erster zu antworten. Wenn Sie schon bisher meist der erste waren, werden Sie von nun an Zugriff auf einen reichhaltigeren Schatz an Erfahrungen haben, was Ihnen zu mehr Glaubwürdigkeit, Anerkennung und Führungsqualitäten verhelfen wird.

Denken Sie daran: Sie tauschen den Chip in Ihrem geistigen Computer aus und arbeiten immer schneller und schneller.

Sie fragen sich vielleicht, ob Sie über jedes beliebige Thema sprechen oder die notwendigen Verbindungen und Verknüpfungen herstellen können, um immer sofort eindrucksvoll zu reagieren. Ich weiß, daß Sie es können. Wieso ich das weiß? Weil Sie im Lauf Ihres Lebens eine ungeheure Zahl von persönlichen Erfahrungen gemacht haben. Aber das müssen Sie sich selbst erst beweisen.

Im nächsten Kapitel werden Sie damit fortfahren, sich selbst zu beweisen, daß Ihr Erfahrungsschatz größer ist, als Sie sich vorstellen können.

15 Die Unsterblichkeit von Geschichten und Episoden

>*»Der große Mann ist der, der sich das Herz eines Kindes bewahrt.«* Mencius

Ein kleines Kind bestürmt seine Eltern: »Erzähl mir eine Geschichte, erzähl mir eine Geschichte!«

Die Liebe zu den Geschichten bleibt dem Menschen immer erhalten. Geschichten hört man sich an. Feststellungen werden ignoriert. Geschichten merkt man sich. Feststellungen werden vergessen.

Struktur einer Geschichte

– Wann
– Wo
– Was

»Ein Bild sagt mehr als tausend Worte.« Wenn Sie eine Geschichte erzählen, malen Sie damit ein geistiges Bild für Ihre Zuhörer. Stellen Sie sich jeden Satz wie einen Pinselstrich beim Malen einer Szene für einen Zeichentrickfilm vor. Zuerst müssen Sie die Szene entwerfen – zeigen, *»wann«* es passiert ist, am Tag, in der Nacht, gestern, letzte Woche, vor zwei Jahren. Als nächstes zeigen Sie das *»Wo«* – drinnen, draußen, in einem Auto, in einem Gebäude, an einem Schreibtisch stehend. Jetzt hat Ihr Zuhörer ein geistiges Bild vor Augen, in das er die Handlung integrieren kann – das *»Was«* Ihrer Geschichte.

Nun können Sie erzählen, was passiert ist: »Mein Chef sagte zu mir ...«, »plötzlich bemerkte ich ...«, »sie stolperte vor meinen Augen ...«. Stellen Sie sich das »Wann« und das »Wo« als das »Gefäß« Ihrer »Handlung« vor, so wie eine Teetasse das Gefäß für Tee ist. Wenn Sie Tee ausgießen, ohne ein Gefäß dafür zu haben, wird er in alle Richtungen auseinanderfließen und alles schmutzig machen. Er wird für die Teetrinker unbrauchbar sein. Dasselbe gilt für Ihre Geschichte. Wenn Sie den »Handlungsteil ausgießen«, ohne das »Gefäß« des Wann und Wo vorbereitet zu haben, dann wird es im Geist der Zuhörer keinen Raum geben, in den die Handlung eingefügt werden kann. Sie wird Unordnung im Kopf stiften, anstatt im richtigen mentalen »Abteil« verwahrt zu werden.

Magnetische Anziehungskraft

Denken Sie nochmals an kleine Kinder. Sie haben Energie. Wenn sie reden und wenn sie laufen, strahlen sie Energie aus. Wir bewundern sie zutiefst. Sie ziehen uns an wie Magneten. Dasselbe gilt auch für Redner. Zuhörer fühlen sich von Energie und Vitalität angezogen. Sie können Energie und Vitalität vermitteln, indem Sie Geschichten erzählen. Verwenden Sie dieses Mittel nicht zu sparsam.

Ich erinnere mich noch daran, als ich einer Gruppe meiner Trainer über die Wirkungskraft persönlicher Geschichten und Episoden erzählte. Sie alle lernten sehr schnell, und zwar anhand derselben Formeln, die Sie in diesem Kapitel lernen werden.

Sie konnten aufstehen und eine perfekte Geschichte erzählen, perfekte Verknüpfungen, unglaubliche Gewandtheit. Aber als die erste Person aufstand und eine ganze Rede hielt, war ich ziemlich überrascht. Ich stellte fest, daß ich

*Teil III
Effekt
und
Eindruck*

einen großen Fehler gemacht hatte. Ich hatte ihnen nicht gesagt, daß sie ihre Rede mit einer Geschichte beginnen sollten. Ich hatte ihnen nicht gesagt, daß sie *jedes* Argument mit einer Geschichte verbrämen sollten. Ich hatte ihnen auch nicht gesagt, daß sie mit einer Geschichte enden sollten. Ich hatte ihnen nicht gesagt, daß ihre Rede eine Aneinanderreihung von Geschichten mit dazwischengestreuten Beweisen oder Analogien *sein* sollte.

Sie hatten gedacht, sie sollten einfach hie und da eine Geschichte einstreuen, um Akzente zu setzen, so wie Schmuck Akzente auf einem Kleid setzt. Wenn wir ohne Ohrringe oder Krawattennadel außer Haus gehen, geht die Welt nicht unter. So ähnlich betrachteten sie auch die Sache mit den Geschichten.

Ich möchte nicht, daß Sie denselben Fehler machen. Geschichten und Episoden sollten keine Akzente in Ihren Reden setzen, sie sollten Ihre Rede *sein*.

Wieso gebe ich Ihnen diesen Rat? Die Antwort ist einfach. Wenn Sie jedes Argument mit einer Geschichte ausschmücken, werden die Leute zuhören. Wenn Sie das nicht tun, werden sie nicht zuhören. Was wollen Sie? Ich weiß, daß das zunächst schwer zu glauben ist. Sie sind vielleicht daran gewöhnt, Menschen ohne Geschichten und Episoden reden zu hören – aber erinnern Sie sich später noch daran, was sie gesagt haben? Vielleicht ist das oft nicht der Fall.

Als ich im Rahmen der Brian Hayes Show für Radio LBS in London interviewt wurde, bereitete ich mich zwei Wochen lang darauf vor. Brian war bekannt dafür, daß er Anrufer und Gäste förmlich durch den Fleischwolf drehte, wenn sie sich auch nur die kleinste Blöße gaben.

Mir wurde gesagt, daß ich sechs Minuten Zeit haben würde, um meinen Standpunkt zu einem kontroversen Thema darzulegen, und Brian und die Anrufer würden alles tun, damit ich mich selbst fertigmachte. Vielleicht klinge ich jetzt ein wenig überempfindlich, aber das ist das Image, das die Show bei vielen Zuhörern und Gästen hatte. Jeder, der eine Einladung zu einem Interview in der Show annahm, wurde für schrecklich mutig gehalten.

Und so habe ich mich vorbereitet: Ich zog eine senkrechte Linie in der Mitte eines Blattes. Ich notierte mir in der linken Hälfte eine Reihe von Argumenten, die ich bringen wollte. In der rechten Hälfte notierte ich mehrere Geschichten, mit denen ich meine Argumente untermauern würde. Ich verwendete Glaubwürdigkeit vermittelnde Einleitungen so wie mein Treffen mit Prinz Charles: »Als ich mit Prinz Charles sprach, sagte ich dies und jenes über Marketing in Großbritannien.«

Als die Show vorüber war, erhielt ich in der ersten Stunde viele Gratulationsanrufe von Menschen, die nicht einmal gewußt hatten, daß ich interviewt werden würde. Manche hatten mich schon seit Jahren nicht mehr gesehen.

Ich muß sagen, es war einfach eine wunderbare Erfahrung, die ich meinem Gefühl nach meiner Vorbereitung und der Tatsache verdankte, daß ich auf Geschichten und Episoden gesetzt hatte. Niemand kann subjektive Erfahrungen bestreiten. Sie sind eine rein persönliche Sache. Zu meiner Freude stellte ich fest, daß Brian Hayes ein warmherziger Mensch war und außerdem unglaublich klug.

Worauf will ich hinaus? Wenn Sie auch unter den mörderischsten Umständen erfolgreich sein wollen, sollten Sie auf Geschichten und Episoden als tragende Säulen Ihrer Präsentation bauen. Wenn jede Geschichte eine Aussage hat und alle Aussagen Ihre Botschaft unterstützen, dann ist Ihre Rede schon gelaufen. Sie sind bereit zum Abheben. Machen Sie die Geschichten und Episoden zum Kern Ihrer Rede, verwenden Sie sie *nicht* bloß als Accessoire.

*Teil III
Effekt
und
Eindruck*

Episoden

Denken Sie an etwas, das Sie emotional stark berührt und worüber Sie eine Rede halten könnten. Wählen Sie etwas aus, über das zu sprechen Sie aller Wahrscheinlichkeit nach einmal Gelegenheit haben werden.

Notieren Sie jetzt einzelne Abschnitte Ihrer Rede, sagen wir 1. die Eröffnung, 2. eine Glaubwürdigkeit vermittelnde Einleitung, 3. Ihre Aussage und 4. eine Episode, die sich an folgender Formel orientiert:
- Wann
- Wo
- Was
- Eindrucksvoller Schluß (das ist üblicherweise etwas, was Sie aus dem Ereignis gelernt haben, oder eine Aufforderung an Ihr Publikum, aktiv zu werden)

Ihre Rede könnte folgendermaßen aussehen:

1. Eröffnung:
»Vielen Dank für Ihre einführenden Worte, Herr X. Guten Morgen.«
2. Glaubwürdigkeit vermittelnde Einleitung/Aussage:
»Ich erinnere mich, vor kurzem in der *FAZ* gelesen zu haben ...« (bringen Sie Ihre Fakten vor)
3. Aussage:
»Heute möchte ich Ihnen eine simple und effektive Methode erläutern, die dramatische Auswirkungen auf Ihre Rentabilität haben kann.«
4. Episode:
   - *Wann:* »Im Jahr 1994 ...«
   - *Wo:* »Zu diesem Zeitpunkt arbeitete ich in Frankfurt ...«

Die Unsterblichkeit von Geschichten und Episoden

- *Was:* »Zwanzig meiner Mitarbeiter ...«
- *Eindrucksvoller Schluß*: »Was ich aus der Sache gelernt habe, ist ...«
  oder: »Wenn Sie Ihre Rentabilität steigern wollen, rate ich Ihnen dringendst, heute noch zurück in Ihr Büro zu gehen und mit der Umsetzung dieser Motivationsmethode zu beginnen.«

Stellen Sie jetzt Ihre eigene Geschichte zusammen. Schreiben Sie sie in Ihr Notizbuch, und halten Sie sich dabei an die obengenannten Richtlinien. Sie brauchen die Sätze nicht vollständig auszuformulieren. Notieren Sie sich einfach übungshalber die Ideen, so wie ich es in dem obenstehenden Beispiel getan habe.

Super. Ich möchte Ihnen dringend raten, sich nicht davor zu scheuen, Episoden zu verwenden, Episoden und nochmals Episoden, ganz gleich, worum es geht. Sie sollten das Kernstück Ihrer Rede sein, nicht nur ein Accessoire.

Ich erinnere mich an eine Rede, die ich vor langer Zeit einmal gehalten habe und bei der ich die dritte Rednerin war. Das Thema der Konferenz war sehr fachspezifisch; es ging um Vorschläge zu Änderungen in der britischen Gesetzgebung. Ich bereitete mich vor, indem ich das Weißbuch der Regierung zu diesem Thema studierte, und dann entwickelte ich meine Geschichten und Beweise. (Über Beweise werden Sie im nächsten Kapitel Genaueres erfahren.)

Meine beiden Vorredner hingegen hielten sehr traditionelle Reden. Sie lasen von ihren Konzeptpapieren ab, sie brachten alle Fakten, aber keine Geschichten oder Analogien. Ich bekam langsam kalte Füße. »Soll ich meine Rede

*Teil III
Effekt
und
Eindruck*

ändern?« fragte ich mich. »Vielleicht sollte ich auch einfach Fakten bringen und die Geschichten weglassen?« Ich erinnere mich noch, wie ich mit mir selbst darum rang, was ich nun tun sollte, aber letztendlich entschied ich mich dafür, bei meinem ursprünglichen Plan zu bleiben. Ich sagte mir: »Du bist der Profi, und du weißt, daß das der richtige Weg ist.«

Ich hielt meine Rede *mit* den Geschichten. Wissen Sie, wie das Publikum reagierte? Es war begeistert. *Und* die Organisation lud mich noch weitere drei Male ein. Ändern Sie Ihre Pläne nicht. Bauen Sie Geschichten und Episoden ein, egal, was die anderen Redner tun.

Jetzt sind Sie bereit für weitere Feinheiten. Sehen wir uns an, wie Sie Ihre Botschaft einprägsamer gestalten können.

16 Analogien prägen Ihre Botschaft ein

Was ist eine Analogie? Das ist etwas, was an sich mit Ihrer Aussage relativ wenig zu tun hat, womit Sie diese Aussage aber trotzdem vergleichen. Klingt seltsam. Na ja, das ist es auch. Deswegen merken wir es uns so gut.

Humoristen setzen auf genau dasselbe Prinzip. Sie nehmen etwas ganz Gewöhnliches aus dem Alltag und machen etwas Unerwartetes damit. Das ist der Grund dafür, daß wir lachen müssen.

Analogien arbeiten ebenfalls mit dem Faktor Überraschung, aber sie wenden sich nicht an unseren Sinn für Humor, sondern an unser Gedächtnis.

Ein Beispiel. Eine Lampe und ein Trainer. Besteht irgendeine Ähnlichkeit zwischen ihnen? Nein. Gut; dann können wir diese Begriffe also verwenden, um eine Analogie herzustellen und eine Aussage zu treffen.

In meinen Kursen habe ich folgendes gesagt: »Petra, sehen Sie diese Lampe hier auf dem Tisch? Wenn ich sie betrachte und sehe, wie sie leuchtet, dann erinnert sie mich an Sie und andere Trainer und Trainerinnen. Ich mag die Art und Weise, wie Sie das, was Sie lernen, verwenden und es an die Menschen in der Tschechischen Republik weitergeben. Ausgehend von Ihnen breitet sich das Wissen in alle Winkel des Landes aus, genauso wie das Licht dieser Lampe in alle Winkel des Raumes strahlt.« Wenn ich in den Gesichtern meiner Trainer richtig gelesen habe, werden sie dies niemals vergessen.

Was wäre gewesen, wenn ich gesagt hätte »Ihr Trainer macht Eure Sache ganz wunderbar; Ihr tragt Euer Wissen bis in die entferntesten Winkel des Landes«? Wäre das genauso eindrucksvoll gewesen? Nein, es wäre ganz nett gewesen, aber es hätte nicht jenen Teil des Gehirns angesprochen, der vom Unerwarteten aktiviert wird, den Teil, der innere Bilder erzeugt, jene Bilder, die tausend Worte aufwiegen. Sind Sie überzeugt? OKAY, dann stürzen Sie sich ins Vergnügen. Wer nicht wagt, der nicht gewinnt. Übrigens, wissen Sie, wer das als erster gesagt hat? Sie werden es erfahren, wenn Sie weiterlesen.

Analogien für positive Verstärkung

Denken Sie an all die Gegenstände in einem Büro – Aktenschränke, Aschenbecher, Fenster, Pflanzen, Sessel, Teppiche. Denken Sie jetzt an all die Objekte auf der Straße – Busse, Straßenlaternen, Autos, Menschen, Ampeln, Straßenmarkierungen, Randsteine, Gebäude. Wählen Sie jetzt eine Aussage aus, die Sie über irgend jemanden in Ihrer Familie machen möchten; es sollte ein Kompliment sein. Denken Sie an meine positive Aussage über die Trainer.

Nehmen wir an, Sie entscheiden sich für Ihren Vater und wollen ihm für seine Unterstützung Anerkennung zollen. Welches Objekt können Sie wählen, das überhaupt nichts mit ihm zu tun hat und das sich für die Herstellung einer Analogie verwenden läßt? Sehen Sie sich die Liste im vorhergehenden Absatz an. Lassen Sie sich weitere Objekte einfallen …

Was könnten Sie sagen? Wie wäre es damit: Sie gehen eine Straße entlang und sagen: »Vater, siehst du diesen Randstein und die Straßenmarkierung hier? Das erinnert mich an unser Leben, als wir noch klein waren.

*16
Analogien prägen Ihre Botschaft ein*

Du hast uns immer Grenzen gesetzt. Wenn wir zu weit gingen, hast du uns wieder zurückgeholt. Wenn ich daran denke, erkenne ich, daß du uns auf diese Weise Selbstdisziplin gelehrt hast. Danke.« (Er würde vielleicht in Ohnmacht fallen, aber er würde sich auch riesig freuen.)

Entwickeln Sie jetzt Ihre eigene Analogie für irgend jemanden in Ihrer Familie. Notieren Sie sie in Ihrem Notizbuch, und sprechen Sie sie dann laut, oder führen Sie einen inneren Dialog. (Zu einem späteren Zeitpunkt sollten Sie Ihre Analogie aber unbedingt der betreffenden Person mitteilen. Beobachten Sie, welchen Effekt Sie damit erzielen.) Wenn Sie fertig sind, versuchen Sie es gleich noch einmal.

Analogien scheinen Ihnen anfangs vielleicht eigenartig, aber wenn Sie sie ausprobieren und sehen, welchen Effekt sie auf den Zuhörer haben, werden Sie sie nicht mehr missen wollen. Sehen wir uns jetzt an, wie man Analogien auf Konzepte oder Anweisungen anwenden kann.

Analogien für Konzepte

Denken Sie an ein Konzept, das Sie auf Ihre Kollegen oder Mitarbeiter anwenden wollen. Ein Beispiel: Es ist unerläßlich, morgens pünktlich zu erscheinen. Entwickeln Sie Ihr Konzept, während Sie weiterlesen.

Gehen Sie nochmals die Liste der Objekte durch, und wählen Sie etwas aus. Wie wäre es mit »Teppich«?

*Teil III
Effekt
und
Eindruck*

»Sehen Sie sich diesen Teppich an. Wir können sagen, daß er den Boden vor Kratzern schützt und uns eine weiche Unterlage bietet, auf der wir gehen können. Ähnlich verhält es sich mit den Mitarbeitern, die pünktlich zur Arbeit kommen.

Pünktlichkeit schützt die Firma davor, daß ihr Geschäfte entgehen, weil Telefonanrufe entgegengenommen werden und die Kunden Bestellungen aufgeben können. Wenn die Kunden Waren ordern, stellt das die Umsätze der Firma sicher, die wiederum die Gehälter der Mitarbeiter bezahlt. Wenn wir eine weiche Unterlage möchten, auf der wir gehen können, dann brauchen wir einen Teppich. Wenn wir Kunden und Gehälter wollen, dann müssen wir jeden Morgen pünktlich an unserem Arbeitsplatz sein.«

Denken Sie jetzt an ein Konzept, das Sie diskutieren wollen. Wählen Sie ein Objekt aus. Betrachten Sie es im Geist von allen Seiten. Testen Sie verschiedene Gegenstände, bis Sie einen finden, der Ihnen passend erscheint. Notieren Sie ihn sich. (Ich versuchte es mit Aschenbecher und Fenster, bevor ich mich schließlich für Teppich entschied. Ich bin davon überzeugt, daß *jedes* Objekt verwendet werden kann, um eine einprägsame Analogie zu jedem beliebigen Thema herzustellen. Es ist nur eine Frage der Betrachtung aus verschiedenen Blickwinkeln, bis Sie schließlich einen finden, der paßt.)

Wenn Sie das mit auch nur teilweisen Erfolg geschafft haben, sollten Sie sehr stolz auf sich sein. Das Herstellen von Analogien ist wie ein langsam fahrender Güterzug. Zuerst geht es gemächlich dahin. Aber je stärker Sie sich bemühen, desto schneller geht es, und bald kann Sie nichts mehr aufhalten.

Wie sollten Sie Analogien einsetzen? Verwenden Sie sie wie Accessoires. Wenn Sie eine fünfundvierzigminütige Rede halten, können Sie beispielsweise zwei oder drei Analogien einflechten, um Ihre Aussagen zu bekräftigen. Verwenden Sie sie für jene Aussagen, die Ihnen am besten helfen, Ihre Botschaft zu vermitteln.

Einmal hörte ich einen Verkäufer im Radio, der fünfzehn Minuten nonstop redete und dabei eine Analogie nach der anderen brachte. Er erzählte keine Geschichten und brachte keine Aussagen. Nur Analogien. Als er fertig war, war mein Kopf völlig überanstrengt. Ich war erschöpft vom Zuhören und vom Herstellen all jener mentalen Querverbindungen, die erforderlich sind, damit man eine Analogie verstehen kann. Ich sehe die Sache folgendermaßen: Sie sollten Analogien auf jeden Fall verwenden, aber Sie sollten sie Ihren Zuhörern als besondere Leckerbissen servieren, nicht als Hauptgericht.

16 Analogien prägen Ihre Botschaft ein

Positives Feedback

Überdenken Sie dieses Kapitel und das, was Sie über Analogien gelernt haben, nochmals. Notieren Sie sich eine Aussage, die Sie sich merken wollen, oder eine, die sich auf einen Erfolg bezieht, den Sie bei Ihren Übungen erzielt haben, in Ihrem Notizbuch – vielleicht die Geschwindigkeit, die Sie erreicht haben, oder die Nachhaltigkeit der Botschaft, die Sie gewählt haben. Nehmen Sie sich eine Minute Zeit, um das jetzt zu tun.

Teil III
Effekt
und
Eindruck

Sie haben eine Menge Material darüber durchgearbeitet, wie man seiner Rede Ausdruckskraft verleiht und sicherstellt, daß sie starken Eindruck hinterläßt. Klopfen Sie sich selbst auf die Schulter. Sogar wenn Sie nur einen einzigen Erfolg erzielt haben – etwa, daß Sie es vermeiden konnten, sich selbst zu diskreditieren –, werden Sie damit ein Mittel an der Hand haben, das Ihnen für den Rest Ihres Lebens helfen wird. Wenn Sie Analogien und Geschichten hinzufügen und sich Ihrer Stärken bewußt sind, dann verfügen Sie über einen unermeßlich reichen Fundus, auf dem Sie in Ihrem Berufsleben, beim Redenhalten und beim Entwickeln von Führungsqualitäten zurückgreifen können.

Gehen wir jetzt weiter zum nächsten Abschnitt, in dem Sie lernen werden, wie Sie Aufmerksamkeit erregen, Requisiten verwenden, das Publikum zur Mitarbeit anregen, mit Überzeugung sprechen und die Angst vor dem Mikrofon überwinden können. Dieser Abschnitt macht viel Spaß; ich mag ihn ganz besonders gern. Ich hoffe, daß es Ihnen ebenso ergehen wird.

AUFMERKSAMKEIT GEWINNEN, SPANNEND BLEIBEN

Teil IV

Die Willenskraft in Ihrer Präsentation

Ihre Rede sollte dahinfließen, so wie auch Wasser fließt. Ihre Fähigkeit, Aufmerksamkeit zu erwecken und aufrechtzuerhalten, wird immens von dem beeinflußt werden, was Sie in diesem Teil des Buches lernen. Sie werden von der Kraft der Stille, der Pausen und dem Tonfall erfahren, von Demonstrationen und Vorführungen, von Versprechen und Fragen, um das Interesse Ihres Publikums oder Ihrer Kollegen wecken zu können. Sie werden die Willenskraft aufbringen, die nötig ist, um Ihre Zuhörer zu überzeugen.

17 Was Sie tun und was Sie lassen müssen

Sehen wir uns zuerst an, womit Sie *keinen* Blumentopf gewinnen können. Die meisten dieser mißlungenen Versuche, Gespräche oder Konferenzen zu eröffnen, werden Ihre Zuhörer entmutigen, einschläfern und sie wünschen lassen, daß sie zu Hause geblieben wären.

Was Sie am Beginn einer Rede nicht tun dürfen

1. Vermeiden Sie den »Hausordnungsstart«:
   »Guten Morgen. Unsere erste Pause wird um zehn Uhr beginnen. Wenn Sie telefonieren müssen, versuchen Sie bitte bis dahin zu warten. Die Telefone befinden sich in der Rezeption. Die Damentoilette finden Sie gleich um die Ecke, durch die Halle und dann rechts, die Herrentoilette ...«
   Klingt das vertraut? Ich habe viele solche Eröffnungen gehört. Sie nehmen der Rede jede Dynamik und Spannung.
2. Vermeiden Sie den »Entschuldigung-für-den-Wechsel-der-Redner-Start«:
   »Guten Morgen. Unser für heute eigentlich vorgesehener Redner, der preisgekrönte Experte für die Kunst des 19. Jahrhunderts, Mr. Clement Smith, ist leider verhindert. Er mußte zu einer Audienz beim Papst nach Rom. Er ist, wie Sie schon allein dieser Tatsache entnehmen können, ein wirklich gefragter Experte, und wir sind alle sehr enttäuscht darüber, daß er nicht kommen konnte, aber Mr. Jones versprach sein Bestes zu tun.«

*Teil IV
Aufmerk‑
samkeit
gewinnen,
spannend
bleiben*

Glauben Sie, daß wir als Publikum das wirklich als aufbauend empfinden werden? Nein, nach dieser Einleitung werden wir uns wünschen, den ursprünglich vorgesehenen Redner hören zu können. Es ist besser, Mr. Jones *korrekt* vorzustellen und kurz *nebenbei* zu erwähnen »Mr. Smith bedauert, heute nicht hier sein zu können, aber er wird uns gerne ein anderes Mal zur Verfügung stehen«.

3. Vermeiden Sie den »bescheidener-Redner-Start«:
»Guten Morgen. Ich war völlig verblüfft, als Elizabeth mich einlud, vor Ihnen zu sprechen. Ich weiß wirklich nicht, weshalb sie dachte, daß ich dafür qualifiziert sein könnte, aber ich werde mein Bestes tun …«
Wenn Sie so etwas sagen, diskreditieren Sie Ihr Publikum, weil Sie damit ausdrücken, daß es dumm genug war zu kommen, um Sie reden zu hören. Sie denken vielleicht, daß Sie bescheiden sind, aber in Wirklichkeit beleidigen Sie so Ihre Zuhörer.

4. Vermeiden Sie den »Hm-Hm-Start«:
»Guten Morgen. Ich habe viel darüber nachgedacht, worüber ich heute zu Ihnen sprechen könnte. Ich könnte über X reden, oder ich könnte Ihnen über Y erzählen, aber dann dachte ich auch, daß Z … zu guter Letzt entschied ich mich für …, aber andererseits …«
Bis der Redner seine Einleitung beendet hat, ist das Publikum schon eingeschlafen. Fangen Sie statt dessen lieber mit Ihrer Episode an – Geschichte (emotionaler Beweis, logischer Beweis, Aussage, Glaubwürdigkeits-Einleitung oder eines der unten angeführten Elemente).

Wie Sie starten sollten

Halten Sie sich an folgende Methoden:

1. Episode – Geschichte
2. Statistik – Zahlen
3. Expertenzitat
4. Verweis auf renommierte Quelle – üblicherweise eine Person oder Firma oder eine Organisation
5. Verweis auf glaubwürdige Quelle – normalerweise ein Journal oder Forschungsergebnisse
6. Persönliche Glaubwürdigkeit
7. Fragen – mit oder ohne Antworten
8. Beteiligung des Publikums
9. Demonstration oder Vorführung
10. Versprechen, etwas später zu beantworten oder zu zeigen
11. Einsatz von Stimme, Tonfall, Pausen und Lautstärke

Auf die Punkte 1 bis 6 wird in vorhergehenden Kapiteln Bezug genommen, die Punkte 7 bis 11 werden in den folgenden Kapiteln dieses Abschnitts behandelt.

Stürzen wir uns ins Vergnügen, und sehen wir uns die Punkte einen nach dem anderen an.

18 Fragen Sie!

»Guten Morgen. Ich möchte Ihnen eine Frage stellen, und wenn Sie Ihre Antwort gefunden haben, halten Sie bitte Ihre Finger hoch, um Ihre Lösung zu zeigen – einen Finger für eins, zwei Finger für zwei, etc.

Gut. Denken Sie nun bitte kurz nach: Wie viele von den Lehrern, die Sie in der Schule hatten, konnten Sie wirklich motivieren? Ich meine wirklich motivieren.

Halten Sie die Finger hoch. Gut so. Eins, eins, drei, zwei, null.« (Ich wiederhole die Anzahl der Finger, die im Publikum hochgehalten werden.)

Das ist eine Frage, die ich als Einleitung meiner Motivationsreden oft stelle. Wenn ich den ersten Satz sage, halte auch ich als Demonstration für das, was nach Beendigung der Frage zu tun ist, meine Finger hoch. Dieser schrittweise Prozeß funktioniert ausgezeichnet.

Als ich mit diesen Fragen begann, demonstrierte ich dem Publikum noch nicht, was es tun sollte. Ich sagte einfach »Ich möchte Ihnen eine Frage stellen. Wie viele von den Lehrern ...« Die Reaktion war immer noch gut, aber einige Zuhörer beteiligten sich nicht. Sie dachten nur über die Frage nach. Sie internalisierten sie. Dann entdeckte ich, daß sie, wenn ich ihnen *zeigte*, was sie nach der Frage tun sollten, nämlich ihre Finger hochhalten, es auch *taten*. Sie werden dieselbe Erfahrung machen.

Es gibt viele Arten, Fragen in den Vortrag zu integrieren, und sie sind *alle* effektiv. Vielleicht fällt Ihnen sogar auf, daß ich sehr viel Fragen verwende. Ich setze sie ein, wenn ich schreibe, und auch, wenn ich Reden halte, so wie ich es in diesem Buch zeige. Weshalb? Dale Carnegie, der Vater des Redetrainings, sagte, daß man den Zuhörer durch einen Prozeß der Gewahrwerdung ansprechen muß. Sie müssen ihm eine Frage stellen, über die er nachdenkt, und dann führen Sie ihn Schritt für Schritt zur Conclusio. Ich möchte noch hinzufügen, daß wir die Menschen Schritt für Schritt sowohl auf emotionaler als auch auf logischer Ebene zur Conclusio führen müssen.

Der springende Punkt ist, daß die Menschen eine Idee besser internalisieren, wenn es ihre eigene ist und nicht die des Redners. Meine Philosophie als Rednerin ist die, daß ich dazu da bin, den gedanklichen Prozeß im Zuhörer zu fördern und in neue Bahnen zu lenken, indem ich ihm neue Konzepte oder Blickwinkel anbiete, die ihm helfen können, sich weiterzuentwickeln, zu wachsen oder sich neuen und vielversprechenden Herausforderungen zu stellen.

Wenn Sie Ihre Zuhörer Schritt für Schritt führen, so daß sie die Frage als ihre eigene begreifen, und wenn Sie sie auch die Antwort selbst entwickeln lassen, dann werden sie auch die Antwort als ihre eigene empfinden, zu ihr stehen und sich zu entsprechendem Handeln motiviert fühlen.

Wenn die Zuhörer andererseits einfach zu hören bekommen, was Sie denken, dann haben sie sich bis zum Nachhausegehen zwar eine Meinung gebildet, aber sie fühlen sich nicht notwendigerweise zum Handeln motiviert.

Das ist der Grund dafür, daß ich Fragen liebe. Die besten Fragen sind solche, durch die die Menschen dazu angeregt werden, ihr Leben oder die Art und Weise, wie sie an die Dinge herangehen, zu reflektieren. Seien Sie vorsichtig. Ich meine hiermit nicht Fragen, die mit »richtig« oder »falsch« beantwortet werden. Wir werden hierauf noch zurückkommen. Sehen wir uns zuerst verschiedene Typen von Fragen an.

*Teil IV
Aufmerk-
samkeit
gewinnen,
spannend
bleiben*

Anregende Fragen – internalisierte Antworten

»Ich werde Ihnen jetzt eine Frage stellen. Denken Sie für sich über die Antwort nach. ›Wie viele von den Lehrern …‹«

Dieser Prozeß eignet sich gut für sehr stark emotionsbesetzte Themen, bei denen Sie das Gefühl, das Sie in den Menschen geweckt haben, nicht stören wollen. Wenn Sie die Leute mit den Händen herumfuchteln ließen, würde das ihren emotionalen Zustand empfindlich verändern. Wenn Sie sie die Antwort internalisieren lassen, können Sie sie dazu bringen, tiefer gehend nachzudenken.

Dieser Prozeß ist auch vorteilhaft, wenn Sie das Gefühl haben, daß die Zuhörer sich peinlich berührt fühlen könnten, wenn sie ihre Antwort vor den anderen preisgeben müßten. Er ist ebenso angezeigt, wenn Sie möchten, daß Ihr Publikum über das, was Sie bisher gesagt haben, nachdenkt, Sie aber keine Zeit für Antworten opfern wollen, z. B.: »Was versuchen wir mit diesem Modul zu sagen? Pause. (Dann gebe ich die Antwort.) Was wir noch sagen wollen, ist …«

Eine Frage kann die Funktion haben, Zeit zur Reflexion zu geben, zur mentalen Revision. Es ist wichtig, daß Sie Ihrem Publikum diese Zeit für die mentale Revision einräumen, bevor Sie zur nächsten Ebene von Ideen oder Argumenten weitergehen, damit es Ihre Informationen verarbeiten kann.

Sie können es sich ähnlich vorstellen wie das Packen eines Koffers. Haben Sie jemals versucht, so viel in einen Koffer zu stopfen, daß Sie aufhören und ihn nochmals sorgfältig packen mußten? Danach ist wieder Platz für neue Dinge. Fragen, die den Menschen Zeit zur Reflexion lassen, haben denselben Effekt. Sie verfestigen das Material und schaffen Raum für mehr. (Ist Ihnen die Analogie aufgefallen? Denken Sie daran, Analogien zu den Dingen herzustellen, von denen Sie umgeben sind, so wie Sie es in Kapitel 16 gelernt haben? Wer nicht wagt, der nicht gewinnt! Versuchen Sie es.

Fragen mit ›Handzeichen‹-Antworten

Achten Sie darauf, den Zuhörern *vor* ihrer Frage zu sagen, daß Sie sie danach auffordern werden, ein Handzeichen zu geben, so wie ich es im ersten Absatz dieses Kapitels beschrieben habe.

Fragen mit ›Handzeichen‹-Antworten haben den Zweck, eine Beteiligung der Zuhörer zu erreichen. Wenn sie antworten müssen, müssen sie denken. Der Prozeß hilft ihnen, sich zu konzentrieren, und erleichtert es, ihre Unterstützung zu bekommen.

Beispiele könnten sein: »Geben Sie bitte ein Handzeichen, wenn Sie glauben, daß Sie dies anwenden könnten.« Ich gehe manchmal noch weiter und stelle eine zweite Frage: »Zeigen Sie bitte auf, wenn Sie es anwenden *werden*.« Ich achte immer darauf, so nur bei solchen Gruppen von Zuhörern vorzugehen, die bereits hinter den betreffenden Ideen stehen. Dies könnten beispielsweise Wege zur Erreichung ihrer eigenen Ziele sein. Wenn Sie diese Technik in Zusammenhang mit etwas anwenden, das die Zuhörer nicht mögen, würden diese sich unter Druck gesetzt fühlen und die Idee ablehnen. Ein Chef sollte diese Methode beispielsweise nicht verwenden, um sich der Zustimmung seiner Mitarbeiter zu Zielen zu versichern, mit denen diese nicht einverstanden sind.

Sich das Interesse erhalten

Seien Sie mit Ihren Aussagen vorsichtig, um kein Befremden bei Ihren Zuhörern zu provozieren. Wenn Sie sagen: »Wir alle haben diese oder jene Erfahrung gemacht«, oder »Ich bin sicher, daß Sie mir in diesem oder jenem zustimmen werden«, dann können Sie sicher sein, daß irgend je-

*Teil IV
Aufmerksamkeit gewinnen, spannend bleiben*

mand im Publikum diese Erfahrung nicht gemacht hat oder anderer Meinung ist.

Sein Verstand wird sagen: »Dieser Redner weiß nicht, worüber er spricht«. Sie werden die Unterstützung dieser Person verlieren.

Es ist besser, die Technik der ›Handzeichen‹-Frage zu verwenden, um eine Aussage zu untermauern. »Wie viele von Ihnen haben diese oder jene Erfahrung gemacht?« Indem Sie dies tun, beziehen sie das Publikum ein, beweisen Ihre Aussage und befremden niemanden.

Fragen mit verbalen Antworten

Sie können natürlich jedem Publikum jede beliebige Frage stellen. Aber die Zuhörer werden es Ihnen übelnehmen, wenn Sie ihnen eine Frage stellen und ihnen dann sagen, daß die Antwort, die sie gegeben haben, *falsch* ist. Ich habe es schon erlebt, daß Redner dies taten. Es ist der kürzeste Weg zu einem schnellen Tod. Versuchen Sie die Sache von der Warte des Publikums aus zu sehen. Die Zuhörer gehen allein damit, daß sie eine Antwort geben, ein Risiko ein. Das, was sie am allerwenigsten wollen, ist, sich vor ihren Kollegen oder vor Fremden oder vor Ihnen eine Blöße zu geben.

Ich gehe folgendermaßen vor:

1. *Bei Reden* stelle ich nur Fragen, bei denen es keine »richtigen« oder »falschen« Antworten gibt. Zum Beispiel: »Wer möchte uns sagen, mit welchen Methoden er auf diesem Gebiet gute Erfahrungen gemacht hat?« Es sind die Methoden der Zuhörer. Bei ihnen funktionieren sie. Sie gratulieren ihnen dazu. (Öfter verwende ich bei Reden jedoch ›Handzeichen‹-Fragen. Sie beziehen das Pu-

blikum mit ein, verhindern aber, daß man vom Thema abschweift und auf ein Nebengleis gerät.)
2. *Bei Workshops,* in denen wir bestimmte Fertigkeiten üben, könnten wir sagen: »Dies ist das Problem; worin liegt Ihrer Meinung nach die Ursache dafür?« Dann präsentieren wir Antworten auf einem Flip Chart. Wir schlagen Antworten vor, bis wir schließlich zu der einen oder zu denjenigen kommen, die wir brauchen, um eine Überleitung zu unserer nächsten Aussage zu finden. Wir sagen niemals »Falsch«, wir sagen »Vielen Dank, welche weiteren Vorschläge gibt es«.

Fragen bringen Abwechslung in unsere Reden. Sie können uns zum Denken anregen. Sie können die Atmosphäre auflockern. Sie können Ihrer Rede eine neue Wendung geben. Sie können das Tempo verändern. Sie können das Eis brechen. Sie sind ein wundervolles Werkzeug.

Kombinieren wir einige der Fertigkeiten, die Sie entwickelt haben, miteinander und machen wir ein Experiment.

Richtig Fragen stellen

Schauen Sie von dem, was Sie gerade lesen, auf und wählen Sie ein Objekt aus – irgendeinen Gegenstand. Tun Sie das jetzt sofort.

Stellen Sie sich jetzt vor, Sie wollten über dieses Objekt vor einem Publikum sprechen und Ihre Rede mit einer Frage einleiten.

Nehmen wir an, Ihr Wort wäre *Stuhl*. Ihre einleitende Frage könnte folgendermaßen aussehen: »Guten Morgen. Ist es Ihnen schon einmal passiert, daß Sie sich auf einem Stuhl setzten, der unter Ihnen zusammen-

*Teil IV
Aufmerk-
samkeit
gewinnen,
spannend
bleiben*

> brach? Mir ist das vor fünf Jahren passiert, und in diesem Augenblick beschloß ich ...«
>
> Nehmen Sie sich jetzt Ihr Wort vor, und denken Sie sich eine Einleitung aus, die mit einer Frage beginnt. Stellen Sie sich dabei vor, daß Sie vor einer Gruppe stehen. Visualisieren Sie, wie Sie die Frage stellen und wie das Publikum in positiver Weise reagiert.

Gut. Wir haben die Technik der Verwendung von Fragen, die dazu dienen, Aufmerksamkeit zu erwecken und aufrechtzuerhalten, nun von mehreren Blickwinkeln aus behandelt. Jetzt ist für Sie die Zeit gekommen, alles noch einmal zu überdenken.

> ### *Positives Feedback*
>
> Stellen Sie sich eine Situation vor, in der Sie im Rahmen der Arbeit mit einer Gruppe in effektiver Weise eine Frage einsetzen könnten. Notieren Sie sich, wann und wo dies geschehen könnte und welchen Typ von Frage Sie verwenden könnten. Machen Sie dazu eine Eintragung in Ihrem Notizbuch.

Gehen wir jetzt weiter zu anderen Möglichkeiten der Einbeziehung des Publikums.

19 Wie Sie Ihr Publikum mit einbeziehen

> *»Wer nicht wagt, der nicht gewinnt.«*
> Konfuzius

In einem unserer Kurse über das Sprechen vor Publikum hatten wir 25 Teilnehmer, die wir in Gruppen zu sechs und sieben Personen aufteilten. Jeder einzelne mußte entscheiden, wie er eine seinem Thema gemäße Beteiligung des Publikums zu erreichen gedachte. Plötzlich bemerkte ich zwei Teilnehmer, die niedergekniet waren, mit den Armen winkten und ihre Hosenbeine so hielten, als ob der Wind durchpfeife. Es war ein unglaublicher Anblick. Sie sahen wirklich aus, als ob sie flögen. Ich ging zu ihnen hinüber und stellte fest, daß sie Fallschirm sprangen!

Einer war der Redner. Der andere war ein ›Freiwilliger‹ aus dem Publikum, den der Redner ausgewählt hatte, damit er ihm beim Demonstrieren des Nervenkitzels, den das Fallschirmspringen vermittelt, behilflich war.

Ich muß zugeben, ich war beeindruckt. Es war ihr erster Kurs über das Sprechen vor Publikum. Ich hatte erwartet, daß sie einen eher defensiven und »milden« Ansatz zur Einbeziehung des Publikums wählen würden, aber dem war ganz und gar nicht so. Sie alle gingen vollkommen aus sich heraus, und die Resultate waren beeindruckend.

Ich rate Ihnen dringend, es ebenso zu machen. Vergessen Sie Ihre Hemmungen. Wenn Sie Zuhörer auf die Bühne holen, werden diese begeistert sein. Die Gruppe wird ebenfalls begeistert sein. Sie selbst stehen nicht länger im Rampenlicht.

*Teil IV
Aufmerk-
samkeit
gewinnen,
spannend
bleiben*

Warum das Publikum einbeziehen?

Denken Sie darüber nach. In Live Shows wird ständig auf dieses Mittel zurückgegriffen. Letzten Oktober fuhren mein Mann und ich nach China, und als wir in Shanghai waren, sahen wir uns eine Zirkusvorstellung an. Ein Mann aus dem Publikum, ein japanischer Tourist, wurde in die Manege gebeten. Man fesselte seine Arme und Beine an ein Brett, befestigte rund um ihn Luftballons, band ihm ein Tuch vor die Augen, und dann wurde so getan, als ob Dolche nach ihm geworfen würden. In Wirklichkeit zerstach der Assistent des Dolchwerfers die Ballons einfach mit einer Nadel; es wurde kein einziger Dolch geworfen. Das Publikum war begeistert.

Zu einem späteren Zeitpunkt während derselben Reise befanden wir uns auf einem Kreuzfahrtschiff, und alle Passagiere wurden gebeten, eine Showeinlage für den Galaabend vorzubereiten. Tom und ich beschlossen, gemeinsam mit zwei Freunden den Dolchakt des Shanghaier Zirkus zu kopieren. Wir probten kein einziges Mal, und statt des Brettes verwendeten wir ein Klavier. Wir baten einen Zuschauer auf die Bühne, der als Ziel fungierte, genau wie wir es im Zirkus gesehen hatten. Das Publikum war hingerissen, obwohl unsere Darbietung vollkommen improvisiert war und weit davon entfernt, perfekt zu sein. Die Mitglieder der Crew waren dermaßen begeistert, daß sie meinten, sie wollten die Idee für ihre eigenen Vorstellungen während zukünftiger Reisen »klauen«.

Was ich sagen will, ist, daß das Publikum es liebt, wenn Zuhörer einbezogen werden, und Sie brauchen kein vollendeter Redner zu sein, um mit dieser Technik Erfolge zu erzielen. Das Publikum weiß, daß jener Zuhörer, der auf die Bühne gebeten wird, sein Stellvertreter ist. Er solidarisiert. Das Publikum sieht seinen Repräsentanten mit Ihnen interagieren, und das knüpft ein Band zwischen Ihnen und ihm, es schafft Nähe.

Nehmen Sie sich jetzt einen Augenblick oder zwei Zeit, um nachzudenken, welche Möglichkeiten Sie haben, das Publikum einzubeziehen.

19 Wie Sie Ihr Publikum beteiligen

Die Einbeziehung des Publikums

Denken Sie zunächst an eine Sportart oder ein Hobby. Stellen Sie sich vor, daß Sie einem Anfänger aus dem Publikum erklären, wie er die Sache anpacken muß. Nun holen Sie – ebenfalls in Ihrer Phantasie – einen Zuhörer nach vorn und zeigen ihm, wie er vorgehen soll. (Stellen sie sich vor, Sie würden tapezieren, malen oder Basketball oder Fußball spielen.) Stehen Sie auf und zeigen Sie Ihrem Freiwilligen den Bewegungsablauf, während Sie ihn gleichzeitig dem Publikum vorführen.

Stellen Sie sich als nächstes vor, Sie würden die Menschen in einem berufsbezogenen Thema unterrichten oder sie motivieren; dabei könnte es sich um die Abhaltung eines Management-Meetings handeln, um das Organisieren der Ablage oder um ein Interview. Wählen Sie ein Thema, das mit Ihrer beruflichen Tätigkeit zu tun hat. Sagen Sie jetzt: »Ich brauche einen Freiwilligen, der zu mir auf die Bühne kommt und mir bei dieser Präsentation hilft. Keine Angst, es kann nichts passieren.« Gehen Sie dann den Prozeß durch, den Sie vorzeigen wollen.

Stellen Sie sich drittens vor, Sie seien der/die Freiwillige aus dem vorigen Absatz und visualisieren Sie, wie leicht Ihnen die Sache fällt. Das ist eine gute Me-

*Teil IV
Aufmerk-
samkeit
gewinnen,
spannend
bleiben*

thode, um festzustellen, ob Ihre Anweisungen klar sind. Versuchen Sie es. Sehen Sie, was passiert.

Achten Sie darauf, Ihrem Freiwilligen positives Feedback zu geben, sowohl während der Übung als auch nach ihrer Beendigung. Wenn Sie ihm positive Dinge sagen, wird sich auch das Publikum gut fühlen.

20 Demonstrationen und Vorführungen

Vorführungen

In meinem ersten Kurs über das Sprechen vor Publikum, den ich im Jahr 1969 besucht habe, stand ein Mann auf, um eine Rede zu halten, und zeigte ein Buch über Vermögensveranlagung herum. Er sagte: »Dieses Buch hat mein Leben verändert. Ich habe die Prinzipien, die darin erklärt werden, ausprobiert, und sie funktionieren!« Ich sehe den Mann immer noch vor der Gruppe stehen und dieses Buch in die Höhe halten. Ich habe das Buch so deutlich vor Augen, als ob die ganze Sache gestern passiert wäre.

Weshalb ist das so? Der Grund liegt darin, daß er meine Aufmerksamkeit und mein Interesse zu fesseln vermochte. Ich ging hinaus und kaufte mir dieses Buch, und tatsächlich – es veränderte auch mein Leben. Ich werde diesem Mann immer dankbar sein. Wenn er uns dieses Buch nicht gezeigt hätte, wäre seine Rede nicht dermaßen eindrucksvoll gewesen. Mein Leben wäre in keiner Weise beeinflußt worden.

Wenn Sie echten Eindruck auf Ihr Publikum machen wollen, sollten Sie Vorführungen einplanen. Sie könnten das Leben Ihrer Zuhörer verändern.

Sehen wir uns einige Optionen genauer an:

Effektive Vorführungen

- Buch
- Landkarte
- Diagramm
- Grafik
- Bericht
- Zeitung
- Magazin
- Computerausdruck

*Teil IV
Aufmerksamkeit gewinnen, spannend bleiben*

- Leeres Blatt Papier, auf dem Sie während Ihrer Rede Notizen machen
- Gegenstand (Stuhl, Instrument, Maschine, Sportgerät, Büroartikel)

- Fotografie
- Diplom
- Plakette
- Anderes (listen Sie eigene Ideen auf)

_____
_____
_____
_____

Demonstrationen

Und wie sieht es mit Demonstrationen aus? Als mein Sohn Tom an seiner Universität einen Kurs über das Sprechen vor Publikum absolvierte, demonstrierte er, wie Palatschinken zubereitet werden – indem man sie beim Wenden in die Luft wirft. Er hatte viel Spaß und hinterließ einen bleibenden Eindruck bei seinem Publikum.

Der Gedanke, eine Demonstration in ihre Rede zu integrieren, schreckt viele Menschen ab. Sie sagen: »Ach nein, das könnte ich niemals tun.« Sie denken, es lenkt die Aufmerksamkeit zu sehr auf sie. Dabei ist das Gegenteil wahr. Das Publikum konzentriert sich auf die durch die Luft wirbelnden Palatschinken, nicht auf Sie.

Manche Menschen sagen: »Oh, mir fällt absolut nichts ein, was ich demonstrieren könnte.« Das ist genausowenig wahr. Als erstes werden Sie Themen auswählen, mit denen Sie vertraut sind. Versuchen Sie nicht, Gehirnchirurgie zu demonstrieren, wenn Sie kein Gehirnchirurg sind. Wenn Sie jedoch den Verknüpfungsprozeß anwenden, den Sie in Kapitel 14 über das »Improvisieren« gelernt haben, wird Ihnen zu jedem Sachgebiet etwas einfallen, was Ihnen vertraut ist und was Sie demonstrieren können. Das bringt Spannung in Ihre Rede.

20 Demonstrationen und Vorführungen

Demonstration

Lassen Sie Ihre Gedanken einen Augenblick lang schweifen. Wenn Sie gebeten würden, eine Sportart zu demonstrieren, welche würden Sie wählen?

- Karate
- Basketball
- Tai Chi
- Hockey
- Stockwirbeln
- Gymnastik
- Eislaufen
- Skifahren
- Football
- Klettern

Demonstrationen sind der Aktion, die Sie unternommen haben, um das Publikum miteinzubeziehen, ziemlich ähnlich. Sie können Ihre Demonstration allein durchführen oder auch zusammen mit einem Zuhörer aus dem Publikum.

Üben der Demonstration

Überlegen wir, in welchen Bereichen Sie Demonstrationen üben können. Stellen Sie sich vor, Sie müßten einige der folgenden Dinge demonstrieren:

- Reifen wechseln
- Auswechseln der Zündkerzen
- Tapezieren
- Umtopfen einer Pflanze
- Lerntechniken
- Tippen lernen
- Autofahren
- Windeln wechseln
- ein Haus bauen
- ein Soufflé backen

Ihr Publikum wäre von jeder dieser Demonstrationen gefesselt und würde auch eine Menge daraus lernen.

*Teil IV
Aufmerk-
samkeit
gewinnen,
spannend
bleiben*

Stellen Sie sich jetzt vor, Sie stünden vor einer Gruppe von 20 Personen. Die Leute sitzen in zwei Reihen, und Sie stehen direkt vor ihnen.

Ihre Demonstration

Nun erfahren Sie, was Sie tun sollen: Entscheiden Sie sich zunächst für etwas, was Sie demonstrieren wollen. Es kann sich um eine der obengenannten Aktivitäten handeln oder auch um etwas anderes. Sind Sie bereit?

Als nächstes stellen Sie sich vor Ihre imaginäre Gruppe und halten Ihre Demonstrationen ab. Versuchen Sie dabei selbst Spaß zu haben. Sie können nichts falsch machen. Niemand hört zu.

Wenn Sie fertig sind, notieren Sie sich als drittes in Ihrem Notizbuch, was Ihnen gefallen hat oder was Sie gut gemacht haben. Das wird Ihr Selbstbewußtsein stärken und Ihnen später als Gedächtnisstütze dienen.

Positives Feedback

Denken Sie darüber nach, welche Fortschritte Sie in diesem Kapitel gemacht und welches Maß an Verständnis Sie erzielt haben. Notieren Sie sich in Ihrem Notizbuch irgendeine Sache, von der Sie meinen, daß Sie sie nützen können.

Gehen wir jetzt weiter und sehen wir uns an, wie Sie Ihr Publikum in Spannung versetzen können. Das ist ein sehr wirkungsvolles Element in einer Rede.

21 Ein Versprechen steigert die Spannung

Ihr Versprechen kann offener oder verdeckter Art sein. Sie können beispielsweise sagen: »Etwas später werde ich Ihnen das konkrete Erfolgsgeheimnis verraten, das mir die besten Verkäufer der Welt anvertraut haben. Zuvor wollen wir uns aber ansehen ...«

Das erweckt bei den Zuhörern die Erwartung, daß später etwas äußerst Wichtiges folgen wird und daß sie danach Ausschau halten müssen. Es erhält die Aufmerksamkeit aufrecht. Sie stellen sich hin und sagen den Zuhörern ganz direkt, daß später etwas Interessantes auf sie wartet.

Ein Beispiel für ein verdecktes Versprechen ist es, wenn man eine spannende Geschichte zu erzählen beginnt, sie aber zunächst nicht zu Ende führt. Sie streuen andere Informationen ein und kommen erst später wieder auf die Geschichte zurück.

Sie sagen nie offen: »Hierauf werden wir später wieder zurückkommen«, aber das Publikum weiß, daß Sie es tun werden, oder es hofft es zumindest und wartet in gespannter Aufmerksamkeit.

Sie können denselben Effekt auch mit Requisiten und Vorführungen erzielen. Sie können etwas bei sich auf der Bühne haben und es entweder gar nicht erwähnen oder sagen, daß Sie später darauf zurückkommen werden. Das hält ebenfalls die Spannung aufrecht, aber Sie gehen auf diese Weise sicher, daß es Ihre Rede nicht in den Schatten stellt. Sie wären sicher wenig begeistert, wenn Ihre Zuhörer den ganzen Abend auf Ihre Requisiten starrten und sich dadurch von Ihrer Rede ablenken ließen.

*Teil IV
Aufmerk-
samkeit
gewinnen,
spannend
bleiben*

Denken Sie jetzt darüber nach, wie Sie ein Versprechen einsetzen könnten, um sich die Aufmerksamkeit Ihrer Zuhörer zu bewahren.

Ich habe beispielsweise einmal ein langes Seil verwendet; es war sechs Meter lang und hatte einen Durchmesser von zwei Zentimetern. Ich ließ es von zwei Kollegen (jeder packte es an einem Ende) vom hinteren Ende des Raumes durch den Gang und auf die Bühne tragen. Wir rollten es auf und breiteten eine Decke darüber. Ich sagte dem Publikum, daß wir es später verwenden würden und erwähnte es dann bis gegen Ende meiner Rede mit keinem Wort mehr. Dann spannten wir das Seil quer durch den vorderen Teil des Raumes, etwa einen Meter über den Boden: Ich verwendete es, um die »Demarkationslinie« zwischen Negativ und Positiv darzustellen, die wir überschreiten müssen, wenn wir in unserem Leben Erfolg haben wollen.

Überlegen wir uns einmal alle möglichen Versprechen, mit denen wir die Aufmerksamkeit aufrechterhalten können:

Offene Versprechen

- Eine wichtige Information, die Sie später mitzuteilen versprechen
- Ein Teil einer Geschichte, die Sie später zu beenden versprechen
- Ein wichtiges Zitat, Geheimnis oder eine Statistik, die Sie später zu bringen versprechen
- Eine Vorführung, die Sie für später versprechen. Sie können sich im vorhergehenden Kapitel Ideen dafür holen
- Eine Demonstration, die Sie für später versprechen
- Eine Chance für Ihr Publikum, sich später aktiv zu beteiligen
- Eine Person, die Sie dem Publikum später vorstellen werden

Verdeckte Versprechen

Ein Versprechen steigert die Spannung

– Ein Teil einer Information, einer Geschichte oder irgendeines der oben angeführten Dinge, mit dem Sie beginnen, das aber nicht zu Ende geführt wird, so daß das Publikum hofft, daß Sie darauf zurückkommen werden und die Spannung erhalten bleibt.

Offene Option

Hier ist Ihre Aufgabe: Denken Sie sich zunächst irgendein Thema aus, über das Sie sprechen könnten.

Lassen Sie sich als nächstes ein Versprechen einfallen, das Sie dem Publikum geben könnten. Vielleicht ein Expertenzitat, das Sie später bringen werden, oder eine Demonstration oder eine Person, die Sie vorstellen werden, oder eine Chance auf aktive Beteiligung, oder das Versprechen, ein Objekt zu zeigen.

Erstellen Sie als drittes eine Liste von zwei oder drei Möglichkeiten, und notieren Sie sie in Ihrem Notizbuch. Wählen Sie diejenige aus, die Ihnen am besten gefällt, und üben Sie, indem Sie einem imaginären Publikum dieses Versprechen geben.

Sehen wir uns jetzt die verdeckte Option an.

Verdeckte Option

Stellen Sie sich zunächst wieder irgendein Thema vor, über das Sie sprechen könnten.

Überlegen Sie sich als nächstes eine Geschichte, die

*Teil IV
Aufmerksamkeit
gewinnen,
spannend
bleiben*

Sie zu erzählen beginnen könnten, die Sie jedoch erst zu einem späteren Zeitpunkt beenden:

1. Welche Geschichte wäre das?
2. Wo könnten Sie sie unterbrechen?
3. Wie oft würden Sie darauf zurückkommen?
4. Was würden Sie dazwischen einflechten?

Notieren Sie Ihre Ideen in Ihrem Notizbuch. Sie werden Ihnen später als Modell dienen und Ihnen jetzt dabei helfen, Expertisen zu sammeln.

Ihr offenes oder verdecktes Versprechen braucht keine Geschichte zu sein. Wie wir weiter oben diskutiert haben, kann es in einer Information, einem Argument oder einem Zitat bestehen – was immer Sie wollen. Ich habe Ihnen weiter vorn in diesem Buch versprochen, beispielsweise die Frage zu beantworten: »Wer sagte zuerst ›Wer nicht wagt, der nicht gewinnt‹?« Sie haben in einem der darauffolgenden Kapitel entdeckt, daß es Konfuzius war.

Sehen wir uns jetzt einen völlig anderen, jedoch ebenso wichtigen Aspekt der Erregung und Aufrechterhaltung von Aufmerksamkeit an. Es handelt sich dabei um die Art und Weise, wie wir unsere Stimme einsetzen, also um unsere Sprechgeschwindigkeit, um Pausen und Tonfall.

22 Sprechtechniken

> *»Die Musik schenkt uns Freuden,
> ohne die der Mensch nicht sein kann.«*
> Konfuzius

Pausen sind wirkungsvoll

Denken Sie an Pausen und an Stille wie an Musik. Wie würde Ihre Lieblingsmusik klingen, wenn sie keine Viertelnoten, keine halben Noten, kein Allegro, keine Pausen hätte? Sie wäre sehr langweilig. Sie hätte keinen Rhythmus, es gäbe keine Abwechslung.

Mit Rednern ist es genauso. Wenn wir ohne Pausen sprechen, hat der Zuhörer das Gefühl, in Worten zu ertrinken. Es gibt keinerlei Abwechslung, durch die seine Aufmerksamkeit gefesselt würde. Die Laute, die er hört, klingen nicht angenehm für seine Ohren. Wenn er die Musik ohne Viertel- oder halbe Noten im Radio hörte, würde er den Sender wechseln. Und genau das ist es auch, was er mit einem Sprecher macht, der den Sprechrhythmus nie variiert. Er wechselt den mentalen Sender und beginnt einen inneren Dialog. Wenn Sie sprechen, ohne genügend Pausen zu machen, wird all die Mühe, die Sie sich bei der Vorbereitung Ihrer Rede gegeben haben, verloren sein. Sie könnten Ihre Zuhörer unwiderruflich verlieren. Pausen bewirken, daß Ihre Botschaft sich den Zuhörern wirklich einprägt.

Es ist ganz nett, das jetzt zu wissen, aber wie gut werden Sie es sich merken? Was Sie zuallererst brauchen, ist Übung.

*Teil IV
Aufmerksamkeit gewinnen, spannend bleiben*

Wirkungsvolle Pausen

Nehmen Sie den Satz, mit dem wir am Anfang dieses Buches begonnen haben, und sprechen Sie ihn laut, in einem raschen, gleichmäßigen Rhythmus und ohne Pausen vor sich hin. »Wie viele Menschen, mit denen Sie in Ihrem Leben derzeit zu tun haben, warten darauf, daß Sie sie motivieren?«

Machen Sie jetzt Pausen innerhalb des Satzes: »Wie viele Menschen …, mit denen Sie in Ihrem Leben … derzeit zu tun haben …, warten darauf …, daß Sie sie motivieren?«

Fällt Ihnen auf, um wieviel eindrucksvoller die zweite Variante ist?

Schrägstrichtechnik

Ich möchte Ihnen eine Technik vorstellen, die ich bei meinen Reden einsetze. Ich setze dort, wo ich Pausen machen möchte, Schrägstriche. Ich verwende diese Technik auch in meiner Radioarbeit. Wenn ich Passagen aus meinen Büchern vorlese, möchte ich, daß sie natürlich klingen. Also setze ich mit einem farbigen Stift Schrägstriche als Zeichen für die Pausen. Ein Schrägstrich bedeutet eine kurze Pause, so wie ein Komma in einem Satz. Wenn ich einen wichtigen Satzteil oder ein wichtiges Wort akzentuieren möchte, setze ich davor und danach Schrägstriche. Ich sorge auch dafür, daß der Dolmetscher/die Dolmetscherin in seinem/ihrem Text dasselbe tut, und wir üben gemeinsam solange, bis es natürlich klingt.

Nehmen Sie sich einen Augenblick Zeit, und üben Sie für sich allein.

Schrägstrichtechnik

Notieren Sie zuerst einen Satz, den Sie als Teil einer Rede verwenden könnten. Das kann jeder beliebige Satz sein. Sie können auch den folgenden verwenden: Nichts im Leben ist sicher, außer daß nichts sicher ist.

Setzen Sie als nächstes Schrägstriche zwischen die Wörter, wo Sie Pausen machen wollen. Setzen Sie einen Schrägstrich für eine Viertelnotenpause, zwei Schrägstriche für eine halbe Pause und vier Schrägstriche für eine ganze Pause.

Wenn Sie einen farbigen Stift verwenden, erleichtert es Ihnen das Lesen.

Signalkarten

Sehen wir uns jetzt eine weitere Möglichkeit an, wie wir uns dazu bringen können, an die Pausen zu denken. In unseren Kursen verwenden wir Signalkarten. Sie sehen folgendermaßen aus (die Leerräume stehen für Pausen):

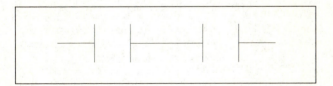

Wir halten sie hoch, damit die Redner nicht vergessen, Pausen zu machen und sich anderer, interessanterer Sprechrhythmen zu bedienen. Denken Sie sich ein System aus, das Ihnen helfen wird, daran zu denken.

*Teil IV
Aufmerk-
samkeit
gewinnen,
spannend
bleiben*

Variieren Sie die Tonhöhe

Probieren Sie die Extreme aus

Verwenden Sie für diese Übungen den folgenden Text. Lesen Sie ihn zunächst mit möglichst tiefer Stimme; lesen Sie alle fünf Zeilen.

1. Wie viele Menschen,
2. mit denen Sie in Ihrem Leben
3. derzeit zu tun haben,
4. warten darauf,
5. daß Sie sie motivieren?

Lesen Sie als nächstes mit einer möglichst hohen Stimme und lesen Sie alle fünf Zeilen.

Variation

Lesen Sie es jetzt so:

tief   Wie viele Menschen
hoch mit denen Sie in Ihrem Leben
tief   derzeit zu tun haben,
hoch warten darauf,
tief   daß Sie sie motivieren?

Stellen Sie sich wieder Musik im Radio vor. Wie wäre es, wenn Sie nur aus ein und demselben Ton bestünde? Keine hohen Töne und keine tiefen. Das Ganze würde so uninteressant und monoton klingen, daß Sie zu einem anderen Sender wechseln würden.

Das tut auch der Zuhörer. Er wechselt zu einer inneren Konversation. Das menschliche Ohr sehnt sich nach Abwechslung. Es liegt an uns als Redner, für diese Abwechslung zu sorgen. Wir alle haben Stimmbänder, die es uns erlauben, sowohl in einer hohen Stimmlage als auch mit tiefer Stimme zu sprechen. Die Entscheidung (oder Gewohnheit) liegt bei uns.

Die folgende Methode ist eine interessante Möglichkeit, die uns helfen kann, diese Abwechslung nicht zu vergessen. Stellen Sie sich vor, daß Ihre Stimmbänder wie die Instrumente eines Orchesters sind. Sie sind der Dirigent oder die Dirigentin – Sie können aus Ihrem Orchester jeden Ton abrufen, den Sie wollen. Aber das Orchester wird nur etwas ändern, wenn der Dirigent und die Partitur ihm die Anweisung dazu geben. Wenn der Dirigent »geistig spazieren geht«, sich also nicht konzentriert, spielt das Orchester monoton weiter. Alle Hörer werden ihr Radio ausschalten!

In Ihrem Leben dirigieren Sie. *Sie* müssen Ihren Stimmbändern sagen, was sie tun sollen, sonst verhalten sie sich gewohnheitsmäßig, was normalerweise für das Sprechen vor Publikum ungünstig ist.

Sprechen Sie mit tiefer Stimme, um glaubwürdig zu wirken

Wir hatten eine Trainerin, die mit einer sehr hohen Stimme sprach. Die Forschung beweist, daß wir auf unsere Zuhörer glaubwürdiger wirken, wenn wir mit tieferer Stimme sprechen. Das gilt für den beruflichen Bereich, für das Sprechen am Telefon und für Reden.

Ich wies die Trainerin darauf hin, daß sie ihre Glaubwürdigkeit erhöhen könnte, indem sie ihre Stimme senkte. Sie war überrascht festzustellen, daß sie zu dieser Veränderung imstande war. Sie dachte, sie wäre mit einer einzigen, ganz bestimmten Stimme geboren worden. Wenn Sie bisher derselben Ansicht gewesen sind, denken Sie daran, wie Sänger ihre Stimmen ausbilden. Wir alle können unsere Stimmen verändern. Der erste Schritt besteht darin, sich dieser Tatsache bewußt zu sein.

> ### *Stimmlage*
>
> Hören Sie auf zu lesen, und suchen Sie sich jemand, mit dem Sie sprechen können. Das kann am Telefon sein, zu Hause, am Arbeitsplatz oder in einem Geschäft. Jede beliebige Person ist geeignet. Führen Sie jetzt eine Unterhaltung, versuchen Sie dabei aber, Ihre Stimmlage zu senken. Sprechen Sie mit etwas tieferer Stimme als üblich.

Wie fühlt sich das an? Wenn Sie der Meinung sind, daß es Ihre Glaubwürdigkeit erhöht, tun Sie es auch weiterhin. Ich empfehle es Ihnen ganz besonders, wenn Sie geschäftliche Gespräche zu führen haben und sich am Telefon unterhalten.

Variieren Sie Ihre Lautstärke

Einer meiner Angestellten machte mich einmal darauf aufmerksam, daß ich in Meetings oft leiser sprach, wenn ich eine bestimmte Aussage besonders betonen wollte. Er sagte, dies sei äußerst effektiv. Es gebe meiner Aussage eine vertrauliche Qualität, die die Menschen zum Zuhören animiere. Ich war ziemlich überrascht, als er mir das mitteilte. Mir war nicht bewußt gewesen, was ich da tat, aber nun begann ich achtzugeben. Er hatte recht. Ich machte es tatsächlich so, und es funktionierte. Ich begann es auch in meinen Reden einzusetzen, und das Ergebnis war ebenso positiv.

Wenn Sie eine Variation in der Lautstärke mit einer Veränderung Ihrer Körperbewegungen kombinieren, können Sie dadurch einen enorm starken Eindruck machen. Ich habe weiter oben erwähnt, daß ich oft zu einem Zuhörer in der ersten Reihe gehe, meine Stimme senke und mich zu ihm beuge, wenn ich etwas sage, was ich besonders hervorheben möchte. Vielleicht wollen Sie dies ebenfalls ausprobieren.

Worum es geht, ist, daß die meisten Menschen denken, sie müßten *lauter* sprechen, um Aufmerksamkeit auf sich zu ziehen. Die Wahrheit ist, daß es die *Änderung* der Lautstärke ist, die Aufmerksamkeit erregt.

Lautstärke

Wiederholen Sie Ihre Frage nochmals, und variieren Sie dabei die Lautstärke. Das Ziel besteht darin, Erfahrung mit dem Ändern der Lautstärke zu sammeln.

laut	Wie viele Menschen,
leise	mit denen Sie in Ihrem Leben
laut	derzeit zu tun haben,
leise	warten darauf,
laut	daß Sie sie motivieren?

Natürlich würden Sie in einer realen Redesituation Ihre Lautstärke nicht so oft in einem Satz ändern. Sagen Sie deshalb den Satz nochmals, und entscheiden Sie, welchen Satzteil oder welches Wort Sie betonen wollen.

Legen Sie auch fest, ob Sie die Betonung durch lautes oder leises Sprechen erreichen wollen. Sagen Sie jetzt den Satz, und variieren Sie die Lautstärke.

*Teil IV
Aufmerk-
samkeit
gewinnen,
spannend
bleiben*

Kombinieren Sie alles miteinander

Versuchen Sie jetzt Pausen, Tonhöhe- und Lautstärkevariationen miteinander zu kombinieren (die Kursivstellung bedeutet, daß Sie mit lauter und tiefer Stimme sprechen sollten).

1. Wie viele Menschen, /
2. mit denen *Sie* in Ihrem Leben
3. / / derzeit / / zu tun haben,
4. *warten* darauf, /
5. daß *Sie* sie motivieren?

Beachten Sie, daß der doppelte Schrägstrich vor und nach / / derzeit / / besondere Bedeutung auf die Gegenwart legt. Als Alternative könnte die Betonung auch folgendermaßen aussehen: / / / in / Ihrem / Leben / / /, mit mehr Pausen, höherer Lautstärke und tieferer Stimmlage.

Finden Sie Ihre eigene Kombination

Versuchen Sie es nochmals, und setzen Sie diesmal die Schrägstriche, die Lautstärke- und die Stimmlagezeichen anders – so, wie es Ihrer Meinung nach interessant klingt:

1. Wie viele Menschen,
2. mit denen Sie in Ihrem Leben
3. derzeit zu tun haben,
4. warten darauf,
5. daß Sie sie motivieren?

Ist es nicht faszinierend, wieviel Sie mit einer kurzen Botschaft erreichen können? Stellen Sie sich einmal vor, was Sie mit einer ganzen Rede bewegen können!

Atmung

Die Atmung mag etwas so Natürliches sein wie das Sprechen, aber das heißt noch lange nicht, daß wir auch effektiv atmen.

Jahrelang habe ich die Leute sagen gehört: »Bauch einziehen, um die Luft ausströmen zu lassen« und »Bauch heraus, um die Luft einströmen zu lassen«. Aber dann hat es eines Tages eine clevere Gesangs- und Rhetoriklehrerin folgendermaßen ausgedrückt und mir damit geholfen, mir die Sache bildlich vorzustellen. Vielleicht wird dieser Tip auch Ihnen helfen.

Sie sagte: »Stell dir dein Zwerchfell als horizontal liegende Scheibe in deinem Körper vor. Wenn du die Scheibe nach oben bewegst, strömt die Luft aus. Wenn du die Scheibe nach unten bewegst, strömt die Luft ein.«

Wir sollten üben, die Scheibe so weit nach unten zu bewegen, wie wir können, und sie dann ganz, ganz langsam nach oben zu verschieben. Das kann uns helfen, unsere Lungenkapazitäten besser auszunützen, und dies wiederum hilft uns beim Sprechen.

Eine weitere hilfreiche Methode in Zusammenhang mit der Atmung besteht darin, zu visualisieren, wie man einatmet und wie dann der Atem von einem selbst zum Zuhörer strömt und wieder zurück. Ich visualisiere den Atem als einen Austausch von Energie.

*Teil IV
Aufmerksamkeit gewinnen, spannend bleiben*

Direkte Rede, Stimmenimitation und Blickrichtung

Verschiedene Möglichkeiten der Vermittlung von Informationen in der Rangfolge ihrer Effektivität:

1. Indirekte Rede
2. Direkte Rede
3. Direkte Rede mit Variationen der Stimme
4. Direkte Rede mit Variationen der Stimme und Änderungen der Blickrichtung

Nehmen wir an, Sie wollen eine Konversation wiedererzählen, die Sie mit einer anderen Person geführt haben. Die am wenigsten effektive Möglichkeit besteht darin, zu sagen: »Ich sagte Joe, er solle in eine größere Stadt ziehen, und er erklärte, er glaube, er werde es tun.«

Eine effektive Variante wäre folgende: »Ich sagte zu Joe: ›Joe, du solltest in eine größere Stadt ziehen‹. Und Joe meinte: ›Weißt du, ich glaube, das werde ich tatsächlich tun!‹«

Fällt Ihnen der Unterschied auf? Im zweiten Beispiel habe ich die direkte Rede verwendet, die immer effektiver ist als die indirekte. Sie *können* direkte Rede überall dort verwenden, wo Sie üblicherweise die indirekte Rede einsetzen. Das ist lediglich eine Frage der Übung.

Eine sogar noch effektivere Möglichkeit besteht darin, Ihre Stimme zu modifizieren, wenn Sie die direkte Rede für die andere Person verwenden (und sogar wenn Sie sie für sich selbst gebrauchen).

Sie könnten beispielsweise Ihre Stimme bei Ihren eigenen Worten tiefer klingen lassen; dadurch heben Sie sich vom Rest Ihrer Rede ab. Darüber hinaus können Sie auch für die Rolle Ihres Kollegen einen anderen Tonfall wählen.

Und die effektivste Methode überhaupt ist die, alle oben

aufgezählten Optionen zu verwenden und *zusätzlich* die Richtung zu ändern, in die Ihr Gesicht oder Ihr Körper gewendet ist. Wenn Sie beispielsweise Joes Part sprechen, blickt Joe immer nach links. Bei Ihrem Part wenden Sie sich immer nach rechts, so daß die beiden sich sozusagen ansehen.

> *Direkte Rede*
>
> Versuchen Sie es einmal selbst. Setzen Sie den folgenden Text in die direkte Rede, und halten Sie sich dabei an das obige Beispiel: »Ich erklärte meinem Chef, Arnold, daß alle Mitarbeiter kündigen würden, wenn er seine Strategie nicht änderte. Er sagte, er würde es tun.«
> Notieren Sie die Übung in Ihrem Notizbuch.

> *Direkte Rede, Stimme, Körper*
>
> Sehen Sie sich Ihre direkte Rede-Version der obigen Übung an. Sie wird wahrscheinlich ungefähr so aussehen:
> »Ich sagte zu meinem Chef: ›Arnold, wenn Sie Ihre Strategie nicht ändern, werden alle kündigen.‹
> Er meinte: ›Vielleicht haben Sie recht. Ich werde sie ändern.‹«
> Stehen Sie jetzt auf, und sprechen Sie diesen Text; verwenden Sie dabei eine tiefere Stimmlage für sich selbst und eine andere für Arnold. Blicken Sie nach rechts, wenn Sie Ihren Part sprechen, und nach links, wenn Arnold spricht.

*Teil IV
Aufmerksamkeit gewinnen, spannend bleiben*

Die Verwendung des Mikrofons

Wieso, glauben Sie, fürchten sich die meisten Menschen vor der Verwendung eines Mikrofons? Ja, die meisten Menschen haben Angst vor Mikrofonen, wenn Sie sich also auch davor fürchten, sind Sie nicht allein. Es ist wahrscheinlich derselbe Grund, der bewirkt, daß sich die Menschen vor dem Sprechen in der Öffentlichkeit mehr fürchten als vor dem Sterben. Es ist einfach Angst. Und Angst entsteht durch mangelnde Übung.

Die Lösung heißt: Übung macht den Meister. Ich verwende ständig Mikrofone, und deswegen fürchte ich mich nicht davor. Sie sollten jetzt üben, weil Sie nie wissen können, wann Ihnen jemand ein Mikrofon in die Hand drücken wird und Sie gezwungen sein werden, es zu verwenden. Das kommt tatsächlich vor. Ich war Zeugin bei vielen, vielen solchen Gelegenheiten.

Wenn Sie mit einem Mikrofon ungeschickt umgehen, werden Sie dadurch mehr Aufmerksamkeit auf sich ziehen. Sie wollen wahrscheinlich genau das Gegenteil erreichen.

Jetzt wollen wir üben.

Vorbereitung auf das Mikrofon

Nehmen Sie zunächst ein Stück gewöhnliches Papier zur Hand, und wickeln Sie es zu einer Rolle von etwa zweieinhalb Zentimetern Durchmesser. Halten Sie die Rolle jetzt in einem Winkel von 45 Grad an Ihren Mund. Die meisten Anfänger halten sie senkrecht. Dies sollten Sie aus zwei Gründen vermeiden: Erstens kann das Mikrofon die Töne nicht richtig aufnehmen, wenn es senkrecht gehalten wird. Es klingt besser, wenn es im 45-Grad-Winkel zum Gesicht gehalten wird. Das macht Sinn, nicht? Und zweitens sind Sie als Anfänger entlarvt, wenn Sie Ihr Mikrofon senkrecht halten. Möglicherweise muß jemand von der Tontechnik Ihnen zur Hilfe kommen und Ihnen vor versammeltem Publikum zeigen, wie Sie es richtig machen müssen. Das ist sowohl für Sie *als auch* für das Publikum peinlich. Es ist eindeutig besser, wenn Sie das Ganze jetzt üben.

Der zweite Faktor ist die Distanz. Wie nahe zum Mund? Nehmen Sie Ihr Papiermikrofon in die linke Hand. Ballen Sie jetzt die rechte Hand zur Faust und halten Sie die Faust an Ihre Lippen. Dann führen Sie das Mikrofon an die Faust heran. Jetzt haben Sie die richtige Entfernung. Wenn Sie es näher an den Mund halten, ist der Klang sehr schlecht. Das System wird rückkoppeln und pfeift ohrenzerreißend. Wenn Sie es weiter weg halten, kann es Ihre Worte nicht aufnehmen.

Als drittes sprechen Sie jetzt, nachdem Ihr Mikrofon positioniert ist, Ihren Text mit beliebiger Stimmhöhe, Lautstärke und Pauseneinteilung:

– Wie viele Menschen,
– mit denen Sie in Ihrem Leben
– derzeit zu tun haben,
– warten darauf,
– daß Sie sie motivieren?

*Teil IV
Aufmerk-
samkeit
gewinnen,
spannend
bleiben*

Na also. Sie haben sich wacker geschlagen, nicht? Kein Grund zur Beunruhigung. Sie sind zu allem bereit! Gratuliere! Wer nicht wagt, der nicht gewinnt!

Sie haben in diesem Kapitel und in diesem Abschnitt wirklich eine Menge gelernt, von der Einbeziehung des Publikums bis zur Stimmvariation und dem Umgang mit dem Mikrofon.

> ***Positives Feedback***
>
> Nehmen Sie sich einen Augenblick Zeit, um über all das nachzudenken, was Sie in den Kapiteln 17–22 gelernt haben. Notieren Sie sich zumindest drei Dinge, die Sie sich für Ihre Reden oder für Gespräche merken wollen.

Jetzt ist es an der Zeit für Ihre nächste Lektion in Sachen Reden halten und Entwicklung von Führungsqualitäten. Sie werden etwas über verschiedene Typen von Reden hören und die Mischung aus Fakten, Emotionen und Humor, Fragen und Antworten, die Vorbereitung Ihrer eigenen Einleitung, die Vorstellung und Verabschiedung von Rednern, die Entgegennahme und Überreichung von Auszeichnungen, die Arbeit mit Dolmetschern und all die eigenartigen und *wunderbaren* Dinge, die Sie in Ihrer Rednerkarriere erwarten!

ACHT ESSENTIELLE ASPEKTE DER ÖFFENTLICHEN REDE

Teil V

Die Quintessenz Ihrer Präsentation

Was bezwecken Sie mit Ihrer Botschaft?
Wollen Sie informieren, überzeugen, unterhalten,
motivieren oder zum Handeln anregen?
Das ist die Quintessenz Ihrer Rede.
In diesem Teil werden Sie lernen, wie Sie durch die
Kombination und Zusammenstellung von Material, durch
Emotion und Humor und durch Fragen und Antworten
Eindruck erzielen können. Sie werden auch herausfinden,
wie Sie Ihre eigenen Einleitungen schreiben, Redner
vorstellen bzw. ihnen danken, Auszeichnungen
entgegennehmen und überreichen, mit Dolmetschern
arbeiten und die aufregenden oder bizarren Situationen
vorwegnehmen, in die Sie als Redner/in geraten können!

23 Typen von Reden – Komposition und Ausgewogenheit

Welche Art von Rede wollen Sie halten? Welche Absichten haben Sie? Wollen Sie die Leute informieren? Wollen Sie sie motivieren? Wollen Sie sie unterhalten, überzeugen oder zu Aktivitäten anregen?

Ungeachtet des Redetyps, den Sie im Sinn haben, werden Sie eine Mischung von verschiedenen Abschnitten verwenden. Sie werden an die Emotionen Ihrer Zuhörer appellieren und an ihre Logik. Der Schwerpunkt allerdings wird – entsprechend Ihrer Absicht – variieren. Wenn Sie Ihre Absichten definieren, noch bevor Sie mit der Ausarbeitung Ihrer Rede beginnen, wird es Ihnen leichter fallen, Ihre Abschnitte vorzubereiten.

Wie bestimmen Sie die Komposition und den Schwerpunkt?

Für mich – und wahrscheinlich auch für die meisten anderen Redner – ist der schwierigste Teil der Vorbereitung einer Rede die Entscheidung darüber, welche Elemente ich einbauen sollte. Ich sollte eigentlich sagen, das war einmal der schwierigste Teil für mich. Ich habe dieses Problem jetzt gelöst, indem ich einen Vorkonferenz-Fragebogen an Klienten versendet habe. Sie finden ihn auf den Seiten 158 und 159.

Sie werden bemerken, daß ich mich frage, welche Komposition die Klienten wollen. Wollen sie bestimmte Fähigkeiten weiterentwickeln? Oder wollen sie motiviert wer-

*Teil V
Acht
essentielle
Aspekte der
öffentlichen
Rede*

den? Oder wollen sie beides, und wenn, worauf liegt der Schwerpunkt?

Ich schätze es auch, wenn ich die Zusammensetzung des Publikums kenne. Wie viele Männer, wie viele Frauen, wie viele Manager, wieviel Verkaufspersonal? Das gibt mir ein Gefühl dafür, wer meine Zuhörer sind, welches Niveau sie haben und welche Geschichten, welche emotionalen und welche logischen Beweise ich verwenden kann. Es ist ein Ansatzpunkt.

Ich stelle auch eine andere Frage, die mir sehr wichtig ist und die ich seit vielen Jahren verwende; ich habe sogar schon vor der Zeit der Fragebögen damit begonnen. Diese Frage lautet: »Wenn die Zuhörer den Raum verlassen, welches Gefühl oder welches Wissen sollen sie dann mitnehmen?« Diese Frage bringen Firmenchefs oft auf den Punkt, wenn sie sagen: »Unsere Verkäufer wissen, was von ihnen erwartet wird. Was ich will, ist, daß sie stärker dazu motiviert werden, das auch zu tun.« Oder Sie sagen: »Diese Manager kommen aus den verschiedensten Teilen des Landes. Ich möchte, daß sie lernen, effektiver zu kommunizieren, damit unsere Abteilungen harmonischer zusammenarbeiten.« Diese Frage ermöglicht mir, mich auf meine Hauptbotschaft zu konzentrieren. Dann beginne ich all meine Aussagen, Geschichten und Beweise damit zu verknüpfen.

Die Frage, welcher Prozentsatz an Erlernen von Fähigkeiten bzw. Techniken und welcher Prozentsatz an Motivation gewünscht wird, hilft mir ebenfalls. Ein Organisator von Meetings in einem Unternehmen könnte sagen: Alle unsere Leute sind Franchise-Nehmer. Was sie brauchen, ist Motivation, um diese wirtschaftlich schwierigen Zeiten zu überstehen.« Bei der Prozentsatz-Frage notiere ich dann: 80% Motivation, 20% Erlernen von Fähigkeiten/Techniken.

Oder eine größere Firma hält eine Jahreskonferenz ab, und der Firmenchef erklärt mir: »Wir möchten, daß Sie die Rede halten, die Sie letztes Jahr in unserer Abteilung XY vorgetragen haben und in der Sie Wege aufgezeigt haben, wie man sein persönliches Potential besser nutzen kann.« Dann notiere ich mir vielleicht: 60% Fähigkeiten, 40% Motivation. In diesem Fall würde ich versuchen herauszufinden, was genau ihm letztes Jahr gefallen hat, diese Abschnitte wieder verwenden und den Rest auf die neue Zuhörerschaft abstimmen.

Auf der folgenden Doppelseite finden Sie den Fragebogen. Sie können auch ruhig nur einen Teil davon verwenden oder ihn Ihren Bedürfnissen entsprechend modifizieren.

Wenn Sie Anfänger/in sind und auf unentgeltlicher Basis arbeiten, wollen Sie vielleicht einfach telefonisch ein paar Fragen stellen. Ich würde zumindest nach folgendem fragen: Anzahl der erwarteten Zuhörer, ihre Berufe, Männer/Frauen, die Altersverteilung und die Zeit, die ich zur Verfügung habe. Ich frage auch, welche Redner bisher vortrugen und was am meisten Anklang fand, obwohl ich diese Dinge nicht in meinen Fragebogen integriert habe.

Wenn Sie die Veranstaltung organisieren

Ich habe einmal für eine Gruppe von Geschäftsfrauen und ihre Gäste als Anerkennung für ihren Erfolg eine wunderbare Dinnerkonferenz in einem äußerst luxuriösen Ambiente organisiert. Unser Vortragender war einer ihrer Chefs. Ich gab ihm eine kurze Vorab-Information, aber ich las seine Rede nicht. Ich nahm an, daß er, nachdem diese hochkarätigen, professionellen Frauen für ihn arbeiteten, schon wissen würde, was Business-Frauen hören wollen und was nicht.

Er war ein sehr netter Mann, der die besten Absichten hatte. Als er aber aufstand und seine Rede hielt, erging er sich in einer Flut dieser stereotypen, bei Frauen verhaßten Ausreden dafür, daß es nicht mehr Frauen im Management

Vor der Konferenz

Fragebogen für die Eröffnungsrede von Christine Harvey

Bitte nehmen Sie sich ein paar Minuten Zeit, um die folgenden Fragen zu beantworten. Diese Antworten werden für uns sehr hilfreich sein, weil sie es ermöglichen, den Schwerpunkt der Rede oder des Seminars in Einklang mit den Bedürfnissen Ihrer Gruppe zu bringen. Danke.

1. Name Ihrer Organisation: _____
2. Details der Rede
   Tag/Datum: _____
   Beginn (Uhrzeit): _____
   Ende (Uhrzeit): _____
   Genaue Adresse: _____
3. Gesamtdauer der Konferenz in Tagen: _____
4. Daten: _____
5. Anzahl der Teilnehmer: _____
6. Altersbandbreite: _____
7. Durchschnittsalter: _____
8. _____ % Männer   _____ % Frauen
9. _____ % Management   _____ % Nicht-Manager
10. Bitte listen Sie die typischen beruflichen Funktionen der Teilnehmer auf: _____
_____
11. Wie gut kennen die Mitglieder der Gruppe einander?
    _____ kennen einander nicht
    _____ manche kennen einander
    _____ kennen sich sehr gut
12. Was ist/sind Ihrer Meinung nach der/die Hauptzweck/e der Konferenz?
_____
13. Gibt es ein Thema oder ein Motto? Wenn ja, wie lautet es?
_____
14. Was, welches Gefühl oder Wissen, sollen die Teilnehmer/innen der Konferenz mit nach Hause nehmen? _____
_____

15. Gibt es ein spezielles Thema, das Sie bei der Konferenz herausstreichen wollen (oder ein Problem, das Sie lösen möchten)? Wenn ja, welches?
   _____

16. Wenn Sie Christine Harvey schon einmal gehört oder ihre Bücher gelesen haben, gibt es etwas besonderes, was Sie ihr sagen wollen oder was Ihnen aufgefallen ist? Wenn ja, was? _____
   _____

17. Welche spezifische Zusammenstellung (nach Prozentsätzen) wäre in Anbetracht des Inhalts der Rede Ihrer Meinung nach für Ihre Gruppe am besten geeignet?
   ____ % Wie man sich selbst motiviert   ____ % Managementtechniken
   ____ % Wie man andere motiviert   ____ % Verkaufstechniken
   ____ % Motivation im Verkauf   ____ % Anderes

18. Gibt es irgendwelche sensiblen Punkte, die Sie nicht ansprechen wollen? Wenn ja, welche? _____

19. Gibt es irgendwelche Namen von Subgruppen, die Sie besprechen oder lobend erwähnen wollen? Wenn ja, welche? _____

20. Wer ist der älteste Teilnehmer? Name und Titel: _____

21. Welche Person sollte am besten kontaktiert werden, wenn wir mehr Informationen über die Bedürfnisse der Gruppe benötigen? Name und Titel/Abteilung und Telefonnummer: _____

22. Gibt es irgend etwas anderes, was wichtig ist oder was wir Ihrer Meinung nach wissen sollten? Wenn ja, was? _____

23. Möchten Sie, daß nach der Konferenz ein Autogrammtisch aufgestellt wird? _____

24. Möchten Sie, daß Christine Harvey an irgendeinem anderen Teil der Konferenz teilnimmt, wenn ihr Terminkalender es erlaubt? Wenn ja, woran/wann: _____

25. Ihr Name/Titel, Abteilung, Telefon- und Faxnummer: _____
   _____

Ich danke Ihnen für das Ausfüllen dieses Fragebogens. Wenn Sie irgendwelche Fragen haben sollten, zögern Sie bitte nicht, sich an unser Büro zu wenden. Tel. _____ Bitte faxen Sie diesen Fragebogen an folgende Nummer: _____

*Teil V
Acht
essentielle
Aspekte der
öffentlichen
Rede*

gibt. Das war das letzte Mal, daß ich den Text eines Redners – bezahlt oder unbezahlt – nicht überprüft habe. Ich empfehle auch Ihnen nachdrücklich, Texte immer zu kontrollieren.

Der Vorfall war auch eine Lektion für mich als Rednerin. Ich setzte eine Frage nach sensiblen Themen auf meinen Fragebogen: »Gibt es irgendwelche sensiblen Punkte, die Sie nicht ansprechen wollen?« Ich bin immer wieder erstaunt, daß es in jeder Firma oder Organisation solche Themen gibt. In einem Fragebogen, der mir zurückgesandt wurde, hieß es: »Sprechen Sie nicht über Gehaltsschemata, das ist derzeit eine sehr heikle Frage.« Ich tat es nicht. Ich hätte es sowieso nicht getan, aber es verschaffte mir einen Eindruck von dem Druck, unter dem die Organisation stand.

Wenn Sie Organisator oder Organisatorin sind und Ihr Redner nicht fragt, welche Themen er vermeiden soll, sagen Sie es ihm. Sagen Sie ihm auch, was die Gruppe hören *soll*. Er wird es Ihnen danken.

Komposition und Ausgewogenheit

Stellen Sie sich vor, Sie hätten eine 45minütige Rede zu halten, mit der Sie eine Gruppe von Menschen in bezug auf Ihr Lieblingsthema motivieren sollten. Der Organisator fordert Sie auf, sich eine ganz beliebige Botschaft auszusuchen.

Setzen Sie sich jetzt, und planen Sie Ihre Rede. Füllen Sie die Leerräume aus: Meine Hauptbotschaft wird lauten: _____, beispielsweise »Sie können es schaffen«.

Sie haben 45 Minuten Zeit. Teilen Sie diese Zeit auf Aussagen und Anekdoten auf – Geschichten und logische Beweise, die je 2 bis 4 Minuten in Anspruch nehmen und die alle durch das »Sie können es schaffen« oder durch ihre Botschaft miteinander in Verbindung stehen. Das macht rund 10 bis 20 Aussagen. Sehen Sie sich das nachstehende

Beispiel an, um herauszufinden, wie oft welcher Typ von Beweis vorkommen könnte.

Sie können Ihren Tabellenplan so gestalten wie ich es getan habe (Seite 162), um sich die Auswahl der Varianten und die Errechnung der Zeit pro Segment zu erleichtern.

Wenn Sie das Ganze einmal auf dem Tabellenplan vor sich sehen, sieht es gar nicht so schwierig aus, nicht wahr? Versuchen Sie es jetzt mit Hilfe der Tabelle auf Seite 163 und mit dem Thema Ihrer Wahl selbst.

Komposition und Ausgewogenheit

Entscheiden Sie sich zuerst für eine Botschaft (etwa 2 bis 3 Wörter).

Listen Sie als nächstes die Segmente auf, die Sie in der Tabelle verwenden könnten. Bauen Sie Anekdoten ein für emotionale Impulse, Statistiken für logische Impulse, Analogien für bessere Einprägsamkeit und alles, was Sie in den vorhergehenden Kapiteln gelernt haben.

Seien Sie dabei nicht allzu ernsthaft. Versuchen Sie's einfach und haben Sie Spaß. Sie werden vielleicht entdecken, daß Sie der Don Juan der Rede sind.

Überleitungen

Nachdem Sie nun Erfahrungen mit dem Auswählen von Aussagen und Beweisen gesammelt haben, möchten Sie sich jetzt wahrscheinlich mit »Überleitungen« beschäftigen. Wie können Sie von einer Geschichte oder einer Aussage zu anderen übergehen? Wie können Sie Ihr Publikum darauf

Redeplanungsmatrix

Meine Hauptbotschaft: Sie können es schaffen

Aussage	Emotionaler Beweis Persönliche Anekdote Geschichte	Zeit	Logischer Beweis Stat. Ref.	Zeit	Analogie Demo Einbez. Frage	Zeit
Neg./Pos.	Flugzeuggeschichte Lady LA	4 2	Kinder 6–12	2	Kiesel im Teich	6
Delphin-Methode	Managementanekdote Mercedes Hausanekdote Tom Management Sony	2 4 2	Fachjournal	2	Selbstgespräch	2
Persönlicher Bezug	Frau als Unternehmerin	4	Pearson Pfeife	2	Demo-Versuch	4
Starker Schluß	Rote Jacke Australien	4	Studie %	2	Aufruf zum Handeln	3
Zwischensumme Zeit		22		8		15
					Gesamtzeit	45

© The Christine Harvey System of Public Speaking and Leadership Building

Redeplanungsmatrix

Meine Hauptbotschaft: _____

Aussage	Emotionaler Beweis Persönliche Anekdote Geschichte	Zeit	Logischer Beweis Stat. Ref.	Zeit	Analogie Demo Einbez. Frage	Zeit
Zwischensumme Zeit						
Gesamtzeit						

© The Christine Harvey System of Public Speaking and Leadership Building

*Teil V
Acht
essentielle
Aspekte der
öffentlichen
Rede*

aufmerksam machen, daß Sie zu einem neuen Thema überwechseln? Überleitungen ermöglichen es dem »Gehirncomputer« des Zuhörers, die neue Aussage an einer separaten Stelle des Gehirns abzuspeichern und ein Durcheinanderkommen der verschiedenen Geschichten zu verhindern.

Eine Möglichkeit ist das Einlegen einer *Pause*. Sie können Ihre erste Geschichte erzählen und Ihre Aussage machen, dann eine Pause machen und mit der neuen Geschichte beginnen. Zum Beispiel: »... Die Lektion, die ich aus diesem Vorfall gelernt habe, ist, daß Menschen nicht durch Geld allein motiviert werden.« *(Pause)* »Die Forschung hat bewiesen, daß ...« (Machen Sie Ihre nächste Aussage.)

Eine weitere Variante ist die Verwendung eines *Verbindungssatzes*. »... Die Lektion, die ich aus diesem Vorfall gelernt habe, ist, daß Menschen nicht durch Geld allein motiviert werden. *Nach dieser Begebenheit begann ich der Sache genauer auf den Grund zu gehen.*« (Das ist Ihre Überleitung zu der nächsten Aussage, dem Forschungsergebnis, das Ihren logischen Beweis darstellt.)

Machen Sie nicht den Fehler, Ihren Überleitungssatz zu lang oder zu kompliziert zu gestalten. Wenn Sie dies tun, verlieren Sie Ihre Zuhörer. Es ist besser, eine nette kleine Pause einzulegen als Ihre Rede durch »Bla Bla« (Wörter, die keinem bestimmten Zweck dienen) aufzublähen.

Denken Sie an die Lektion, die wir von Filmproduzenten und Drehbuchautoren lernen können, bei denen jedes Wort und jede Szene zählen. Jedes einzelne hat einen Zweck und ist Teil der Handlung. Nichts ist unwesentlich. Dasselbe muß auch für unsere Reden gelten.

Fühlen Sie sich jetzt nicht besser dafür gewappnet, eine Rede zu halten oder einen Redner zu engagieren?

In den nächsten Kapiteln beschäftigen wir uns mit Emotionen und Humor, mit Fragen und Antworten, der Arbeit mit Dolmetschern und vielem mehr. Los geht's.

24 Emotionen und Humor

Emotionen und Humor sind jene beiden Aspekte von Reden, die die Zuhörer berühren und ihnen helfen, sich an das Gesagte zu erinnern. Wenn Sie können, sprechen Sie die Emotionen der Zuhörer an. Das ist so, als ob Sie ihren Gehirnzellen einen Stempel aufdrückten. Das Markante ihrer Rede prägt sich ihnen unauslöschlich ein.

Emotionen

Wie können Sie die Emotionen Ihrer Zuhörer ansprechen? Das ist die Frage, die ich mir selbst stellen mußte, als ich am Anfang meiner Rednerkarriere stand. Ich hatte bereits eine Reihe von Reden gegen Honorar gehalten, und mehr und mehr Aufträge begannen hereinzukommen. Als ich einmal an einem Wochenende eine Rede hielt, lud ich meinen Mann dazu ein. Ich wollte ihn unbedingt um Rat fragen. Ehepartner können die ehrlichsten Kritiker sein, nicht wahr? Und außerdem ist mir Tom immer eine echte Unterstützung. Ich wußte, daß es sich lohnen würde, ihn einzuladen. Und nachdem es mich nichts kostete, war in diesem Fall guter Rat ausnahmsweise billig. Alles, was ich brauchte, war Mut. Von Kollegen und Familienmitgliedern kritisiert zu werden, ist oft eine große Herausforderung.

Ich bat Tom, sich Notizen darüber zu machen, was genau ihm gefiel, genau so, wie wir es bei unseren Trainern machen. Ich bat ihn weiter, sich auch jene Dinge zu notieren, die seiner Ansicht nach verbessert werden mußten.

Nachdem ich ihn als sehr freundliche Person kannte, war ich von der Liste nicht überrascht. Er hatte zahlreiche Punkte angeführt, die ihm gefallen hatten, während sich unter »Zu verbessern« nur ein einziger Vorschlag fand. Und der lautete: »Zeig mehr Emotionen.«

Wow, dachte ich. Das ist wirklich eine Herausforderung. Womit fange ich an?

Heute bringe ich fast *immer* eine oder mehrere emotionale Passagen. Und bei den Reden mit den besten emotionalen Passagen ist der Motivationsgrad des Publikums am höchsten. Ich hege nicht den geringsten Zweifel daran, daß Emotionen die Menschen besser motivieren und zum aktiven Handeln bewegen als irgendeine andere Methode.

Und wie packt man das Ganze an? Hier ist das, was ich herausgefunden habe:

Das löst Emotionen aus

1. *Wahres:* Es muß eine wahre Begebenheit sein.
2. *Einfühlsames:* Sie müssen sich selbst in die Geschichte, die Sie nacherzählen, hineinfühlen.
3. *Persönliches:* Es ist besser, wenn die Sache Ihnen selbst passiert ist und nicht jemand anders, weil es sonst schwieriger ist, sich hineinzufühlen.
4. *Nacherlebbares und sinnlich Nachvollziehbares:* Um sich in die Situation hineinfühlen zu können, müssen Sie sie nochmals durchleben:
   a) Sehen Sie sich selbst in der Situation, während Sie sprechen.
   b) Fühlen Sie den Sessel, in dem Sie saßen, oder den Boden, auf dem Sie standen.
   c) Hören Sie die Worte, die Sie sagten, die Worte der anderen Person und die Geräusche um Sie herum.
   d) Fühlen Sie die Emotionen, die Sie in dem betreffen-

den Augenblick verspürten – normalerweise ist es der Augenblick der Pointe.

24 Emotionen und Humor

Hätten Sie gern ein Beispiel? Wenn Sie mich in Zukunft reden hören, könnten Sie folgende Geschichte hören: Ich führe die Stellen an, die ich bewußt nochmals erlebe, während ich sie erzähle:

Ich saß in einem Flugzeug auf dem Weg von Europa nach Amerika. (Ich beginne mich selbst zu sehen, wie ich in diesem Sessel in diesem Flugzeug sitze. Ich hatte den Gangsitz.) Zu meiner Linken saß ein junger Mann von etwa sechzehn Jahren. Wir begannen eine Unterhaltung. Sein Name war Tom. Ich fragte ihn: »Was wollen Sie tun, wenn Sie die Schule beendet haben?« (Ich höre mich selbst, wie ich die Frage stelle.)

»Na ja, ich wollte eigentlich immer Filmproduzent werden, aber ich bekomme da kaum Unterstützung.« (Ich höre seine Antwort.)

»Erzählen Sie mir doch davon«, sagte ich. (Ich fühle, wie ich die Frage stelle.)

Dann berichtete er mir, wie er in der Schule einen Film produziert hatte. Er erzählte, wie er das Drehbuch geschrieben, die Schauspieler gefunden und mit Nebel im Wald Spezialeffekte erzeugt hatte. (Ich höre ihn das alles erzählen.)

Dann sagte er: »Die Lehrerin fand den Film so gut, daß sie ihn dem Fernsehen gab.« (Ich sehe die Aufregung in seinen Augen und in seinem Gesicht. Ich spreche genauso aufgeregt wie er damals – das überträgt das Gefühl auf das Publikum.)

»Oh Tom«, sagte ich, »Ihre Eltern müssen so stolz gewesen sein.«(Ich sage es genauso, wie ich es im Flugzeug gesagt habe – mit echter Wertschätzung für ihn und sein Talent.)

»Nicht wirklich«, sagte er. (Ich spreche in demselben deprimierten Ton, den seine Stimme hatte.) »Ich erzählte es

*Teil V
Acht
essentielle
Aspekte der
öffentlichen
Rede*

meiner Mutter, und sie sagte« (hier wechsle ich in denselben beiläufigen Tonfall, in dem er sprach, als er ihre Worte wiederholte ...)

»Das ist nett, Tom.« (Ich fühle die Enttäuschung, die er spürte.)

»Und ich habe es meinem Vater erzählt, und er sagte (hier spreche ich in dem schroffen und strengen Ton seines Vaters.) »Das ist nett, Tom, aber wie sehen deine Noten aus?« (Ich fühle die Enttäuschung, die er spürte.)

»Und ich habe es gerade eben erst meinem Cousin erzählt, und er sagte (hier spreche ich in dem spöttischen Tonfall seines Cousins.) »Wer, du? Ein Filmproduzent?« (Ich fühle ebenso einen Schauer über meinen Rücken laufen wie er, als er es mir im Flugzeug erzählte.)

»Fühlen Sie den Schauer über Ihren Rücken laufen?« frage ich die Zuhörer. Sie spüren den Schauer.

Dann bringe ich meine Aussage. Es gibt mehrere verschiedene Aussagen, auf die ich zurückgreifen kann, je nach Publikum. Eine lautet, daß wir im Leben einem negativen Einfluß nach dem anderen ausgesetzt sind, und daß es an uns ist, positiv zu sein und uns so selbst zu motivieren. Bei einer Gruppe von Managern oder Eltern hingegen könnte ich meine Aussage als Überleitung zu einer wirkungsvollen Analogie verwenden, die ich entwickelt habe: Kieselsteine in einem Teich: »Negative Wörter verschmutzen, positive reinigen. Die Wirkung kann jeweils ein Leben lang andauern.« Oder ich könnte sie verwenden, um eine weitere Aussage zu bringen, die auf die Gruppe abgestimmt ist. Worauf es ankommt, ist die Emotion.

Vielleicht lesen Sie dies jetzt und sagen sich: »Ja, aber mir passiert nie etwas, was ich als Geschichte verwenden könnte.« Ist das wahr? Lassen Sie mich Ihnen beweisen, daß es das nicht ist.

24
Emotionen und Humor

Neulich nahm ich an einem Workshop der National Speakers Association in den Vereinigten Staaten teil. Wir wurden aufgefordert, eine Liste all der Dinge zu erstellen, die wir in den letzten 72 Stunden getan hatten, und dann eines dieser Dinge zum Thema einer Rede zu machen. Der erste Gedanke, der uns durch den Kopf ging, war: »Oh, es ist nichts Besonderes passiert, was wir verwenden könnten.« Aber wir fangen mit der Liste an. Innerhalb einer Minute hatte ich eine lange Liste von Dingen, von denen mir gänzlich entfallen war, daß ich sie getan hatte.

Zu meiner Überraschung hatte ich nicht einmal Zeit, all das anzuführen, was ich in den fraglichen 72 Stunden getan hatte. Und allen anderen ging es ebenso. Wir alle waren überrascht von dem reichen Schatz an Erfahrungen, die wir jeden Tag machen und die wir völlig vergessen.

Als nächstes wählten wir eine Begebenheit als Redethema aus. Das war nicht schwierig; es standen mehrere Möglichkeiten zur Wahl. Ich entschied mich für eine Konversation, die ich am Vortag am Flughafen mit Petra Palasova geführt hatte, unserer Cheftrainerin aus Tschechien; es war um die Gefährlichkeit radikaler Splittergruppen gegangen und darum, wie überzeugende Redner in der Geschichte der Menschheit die Massen immer wieder dazu bringen konnten, ihnen zu folgen. Wie hatte ich eine so wichtige Unterhaltung vergessen können? Ich hatte sie nicht vergessen. Sie war nur einfach von dem Wust an kleinen, trivialen Einzelheiten überdeckt worden, die uns im täglichen Leben überschwemmen. Wenn wir nicht eine Liste machen und unseren Gehirncomputer dazu *zwingen,* die Daten, die er gespeichert hat, »auszudrucken«, bleiben die Informationen im Speicher begraben.

Wieso versuchen Sie es jetzt nicht selbst und sehen, wie es Ihnen geht? Machen Sie es sich leicht – beschränken Sie sich auf Ihre letzten 48 Stunden!

*Teil V
Acht
essentielle
Aspekte der
öffentlichen
Rede*

Entdecken Sie einen Schatz

Erstellen Sie eine Liste aller Aktivitäten, mit denen Sie in den letzten 48 Stunden in Berührung gekommen sind. Beginnen Sie mit dieser Minute, und arbeiten Sie nach rückwärts weiter. Wählen Sie dann etwas aus, was Sie nacherzählen können, so wie ich die Geschichte von dem jungen Filmproduzenten erzählt habe. Notieren Sie es in Ihrem Notizbuch. Notieren Sie das Gesagte exakt, und halten Sie zusätzlich in Klammern fest, was Sie gesehen und gefühlt haben und auch den Tonfall.

(Das ist *nicht* schwierig. Versuchen Sie es nur. Sie werden es sicher als sehr befriedigend empfinden.)

Positives Feedback

Zollen Sie sich selbst Anerkennung dafür, daß Sie den Schatz an Erfahrungen entdeckt haben, auf die Sie zurückgreifen können. Machen Sie eine Eintragung in Ihrem Notizbuch, die Sie daran erinnert, daß es immer mehr als genug persönliches Material gibt, auf das man aufbauen kann.

Sehen Sie sich jetzt den Text an, den Sie geschrieben haben (mit den in Klammer gesetzten Gefühlen). Betrachten Sie ihn objektiv, so wie es ein Außenstehender tun würde. Schreiben Sie einen positiven Satz über einen Aspekt dessen, was Sie geschaffen haben. Das wird Ihr Selbstvertrauen enorm stärken, wenn Sie die Technik einmal tatsächlich anwenden.

Humor

Sie haben sich in einem der vorangegangenen Kapitel bereits erfolgreich mit Analogien beschäftigt, so daß Ihnen der Übergang zum Humor nicht schwerfallen wird. Die Grundlage des Humors ist, so meinen Experten, das Unerwartete.

Um eine Analogie herzustellen, nehmen Sie Bezug auf zwei Komponenten, die nichts miteinander zu tun haben, und vergleichen sie miteinander. Was den Humor betrifft, so nehmen Sie eine Begebenheit oder ein Wort, und stellen es in einen anderen unerwarteten Zusammenhang. Sie führen den Zuhörern etwas vor Augen, was sie bisher nicht gesehen haben.

Sie können jede beliebige Begebenheit verwenden, die wirklich stattgefunden hat, egal, ob sie Ihnen selbst passiert ist, ob sie aus einem Kinofilm oder aus dem Fernsehen stammt, und sie dann aus einem anderen Blickwinkel betrachten.

Hier eine Liste von Quellen, aus denen Sie schöpfen können:

Quellen für Humor

- Vorfälle aus dem eigenen Leben
- Begebenheiten aus der Kindheit
- Szenen/Dialoge aus Filmen
- Szenen/Dialoge aus dem Fernsehen
- Plakate oder Schilder
- Liedtitel
- Artikelüberschriften
- Namen
- Ereignisse aus den Nachrichten
- »Das wäre beinahe schiefgegangen«
- Berühmte Leute
- Nachbarn
- Chefs
- Kollegen
- Sport
- Ihr Beruf

*Teil V
Acht essentielle Aspekte der öffentlichen Rede*

> ### *Die überraschende Wendung*
>
> Sehen Sie sich die vorstehende Liste an. Wählen Sie eine der Kategorien aus, und notieren Sie irgendeine Situation, so wie sie tatsächlich passiert ist, aber dann geben Sie der Sache eine überraschende Wendung. Vielleicht beschreiben Sie, wie jemand anders die Sache gesehen hätte – ein Fremder, ein Marsmensch oder Ihre Schwiegermutter oder der Schuldirektor. Vielleicht schildern Sie, wie die Sache in 50 Jahren von heute an gerechnet aussehen wird, oder wie sie sich vor hundert Jahren dargestellt hätte.
>
> Machen Sie sich keine Sorgen, wenn Sie einige Zeit dafür brauchen. Lassen Sie Ihr Gehirn daran arbeiten, auch über Nacht. Die richtige Wendung wird Ihnen einfallen.

Man kann Humor als eine Form von Emotionen sehen. Wenn die Menschen von Ihren Worten oder Handlungen zum Lachen gebracht werden, werden sie nicht nur geistig angesprochen, sondern auch physisch bewegt. Das läßt Ihre Botschaft tiefer einsinken.

Alle Humoristen sorgen sich, ob ihre Texte beim Publikum ankommen. Beim ersten Mal sind sie nie sicher. Sogar die Besten sagen, daß sie einfach den Satz sagen, dann eine Pause machen und hoffen, daß das Gesagte als lustig empfunden wird. Sie verbringen Monate damit, ihr Material zu testen, und nehmen Änderungen des Textes, der Pausen, des Tonfalls oder der Körpersprache vor. Humoristische oder komödiantische Kompetenz erwirbt man nicht von heute auf morgen. Komödie hat mit Fiktion zu tun. Humor können Sie dagegen mit weniger Risiko in Ihre Reden integrieren, weil er nicht in das Reich der Fiktion vordringt. Wenn Sie sich auf einen Vorfall beziehen, der Ihre Botschaft unterstreicht, und niemand lacht, unterstreicht er immer noch Ihre Aussage. Sie können weiter daran arbeiten, so wie die Profis es tun, bis Sie schließlich Ihre Lacher ernten. Oder Sie können den Satz fallen lassen. Oder Sie können ihn auf ernsthaft trimmen.

Möglicherweise stellen Sie fest, daß auch das Gegenteil vorkommen kann: Sie sagen einen ernsthaften Satz, den die Zuhörer als lustig empfinden. Das ist ganz in Ordnung. Sie können mitlachen. Und dann gehen Sie heim und analysieren den Satz. (Ich nehme meine Reden immer auf Band auf, um sie später nochmals durchzugehen.) Vielleicht können Sie das Lachen ausbauen und verstärken, oder Sie kommen zu einem späteren Zeitpunkt der Rede darauf zurück, um einen weiteren Lacher zu ernten.

Gut. Haben Sie jetzt das Gefühl, daß Sie besser verstehen, wie Sie Humor oder Emotionen ins Spiel bringen können? Wenn Sie beginnen, indem Sie aus Ihrer eigenen Lebenserfahrung schöpfen, werden Sie es leichter haben.

Sehen wir uns jetzt eine weitere Möglichkeit an, wie Sie Ihr Publikum beeindrucken und gleichzeitig Ihre eigene Glaubwürdigkeit erhöhen können.

25 Fragen und Antworten

Ich erinnere mich noch daran, daß bei der ersten Rede, die ich hielt, der Organisator nebenbei bemerkte: »Und natürlich reservieren wir noch 15 Minuten für Fragen und Antworten.« Ein plötzlicher Schrecken durchfuhr mich. »Was, wenn ich nicht weiß, was ich sagen soll?« rief eine Stimme in mir: »Was, wenn die Leute überhaupt keine Fragen stellen?« war meine zweite Angstvision.

Aber als ich die Rede dann vorbereitete, beruhigte ich mich wieder. Ich sah, daß ich mehr Material hatte, als ich unterbringen konnte, und ich stellte eine Liste mit zusätzlichen Punkten zusammen, auf die ich mich bei Fragen beziehen konnte.

Diese Technik funktionierte so gut, daß ich sie seither immer anwende. Ich notiere einfach eine Reihe von Punkten, die ich gerne diskutieren würde. Das können auch sensible Themen sein oder persönliche, die nicht zur Rede gehören. So erkundigt sich das Publikum zum Beispiel oft nach meinen Büchern, Audio- oder Videokassetten oder Se-

> **Die Chance, mehr zu sagen**
>
> Machen Sie sich eine Notiz in Ihrem Notizbuch, die Sie daran erinnert, eine Liste von nicht notwendigerweise zur Hauptrede gehörenden Zusatzpunkten zu erstellen, die Sie im Frage- und Antwortteil Ihrer Rede verwenden können.

minaren. Das gibt mir die Chance mitzuteilen, wo diese erhältlich sind, was ich normalerweise in meiner Rede nicht erwähne. Oder ich werde gefragt, wie ich begonnen habe. Obwohl ich das üblicherweise nicht eingeplant habe, spreche ich gern darüber, weil ich weiß, daß es den Leuten bei ihrer Zukunftsplanung hilft.

Glaubwürdigkeit

Nach meiner ersten Erfahrung mit Fragen und Antworten legte ich meine Angst ab. Ich begann diesen Teil der Reden sogar zu schätzen. Ich realisierte, daß die gemeinsame Zeit mit dem Publikum eine Gelegenheit war, bei der meine Zuhörer mich kennenlernen konnten und umgekehrt.

Denken Sie daran, daß sich viele Menschen vor dem Sprechen in der Öffentlichkeit mehr fürchten als vor dem Sterben. Wenn Sie also vor solchen Menschen stehen und – zumindest scheinbar – mühelos sprechen, können sich die Zuhörer nicht in Ihre Lage versetzen, denn sie können sich nicht vorstellen, aufzustehen und es Ihnen gleichzutun.

Wenn Sie aber Fragen beantworten, sehen sie eine andere Seite an Ihnen – eine menschliche Seite, eine, mit der sie sich verbunden fühlen.

Fragen und Antworten geben Ihnen auch die Möglichkeit, Fakten über sich selbst einzustreuen, die Ihre Glaubwürdigkeit erhöhen, die aber möglicherweise prahlerisch wirken würden, wenn Sie sie direkt ansprächen. Ich würde zum Beispiel an sich nicht erwähnen, daß ich Vorsitzende der Sektion West in der Londoner Handelskammer war oder eine Rede vor dem Parlament eines anderen Landes gehalten habe. Wenn ich aber vor einer Gruppe von internationalen Spitzenmanagern spreche, dann können diese Fakten meine Glaubwürdigkeit beträchtlich erhöhen.

*Teil V
Acht
essentielle
Aspekte der
öffentlichen
Rede*

So hilft es zum Beispiel, wenn ich bei einer Ansprache vor einer Gruppe von Unternehmenseigentümern erwähne, daß auch ich drei Firmen gegründet habe. Sie wissen dann, daß ich den gleichen Weg gegangen bin wie sie, also aus eigener Erfahrung spreche und nicht rein theoretisches Wissen vermittle. Dies macht meine Worte für sie glaubhafter.

Entsprechendes gilt sicher auch für Sie.

Auch wenn Ihnen bei der Vorstellung vom Organisator ein gutes Zeugnis ausgestellt wird, merken sich die meisten Leute das nicht, da es bereits vor Ihrem Vortrag geschehen ist, als sie Sie noch nicht kannten. Da die Zuhörer nichts haben, womit sie die Information verbinden könnten, bleibt sie ihnen nicht im Gedächtnis. Wenn Sie während oder nach Ihrer Rede erwähnen, daß Sie Vorsitzende/r des XYZ-Komitees sind oder daß Sie 22 Jahre Ihres Lebens in einem bestimmten Bereich verbracht oder gearbeitet haben, können die Zuhörer diese Informationen mit Ihnen in Verbindung bringen, da sie Sie nun kennen. Auf diese Weise erhöht sich Ihre Glaubwürdigkeit, und die Information geht nicht verloren.

Drei Gründe für Ihre Qualifikation

Wählen Sie sich ein Thema aus Arbeit, Sport, Hobby oder Ihrer Erziehung, über das Sie gerne sprechen würden.

Stellen Sie nun eine Liste aus drei oder mehr Punkten zusammen, die dem Publikum Ihren Hintergrund näherbringen, damit es Vertrauen in Ihre Qualifikation entwickelt, zu diesem Thema zu sprechen. Blockieren Sie sich nicht selbst. Es muß viele Gründe geben, weshalb das Thema Sie interessiert. Sie müssen

Fragen und Antworten

> zum Beispiel kein Lehrer sein, um über die Ihrer Meinung nach notwendigen Änderungen im Erziehungswesen zu reden. Drei Gründe für Ihr Interesse können Sie auch in Ihrer eigenen Erziehung oder durch Beispiele aus Ihrem Umfeld finden.
>
> Listen Sie nun Ihre drei Punkte auf, die Sie dazu qualifizieren, über dieses Thema zu sprechen.

Gut. Nun haben Sie sich mental darauf vorbereitet, sich selbst vorzustellen, und das ist wichtig für Ihren Erfolg.

26 Einleitungen: Sie selbst und andere Redner

Die Vorbereitung Ihrer eigenen Vorstellung

Als ich damit begann, auf professioneller Basis Reden zu halten, las ich, daß Redner ihre Vorstellung selbst vorbereiten sollten. Dieser Gedanke schockierte mich ein wenig. Mir schien das sehr arrogant zu sein.

Der Autor erklärte uns, wir seien die Experten, und es sei wichtig für die Zuhörer herauszufinden, wer hier zu ihnen spreche und warum wir zu diesem Thema Kompetenz beanspruchen. Er warnte, es sei unklug, seine eigene Vorstellung nicht selbst vorzubereiten, da die Organisatoren sonst nicht wüßten, was sie sagen sollten. Um der Zuhörer willen sei es unsere *Pflicht,* die Organisatoren zu informieren.

Ich habe in der Folge festgestellt, daß dieser Ratschlag vernünftig war.

Warum sollte man seine Vorstellung selbst vorbereiten?

Ich habe entdeckt, daß die Mehrzahl der Organisatoren von Konferenzen es schätzt, wenn die Redner ihre Vorstellungen selbst entwerfen. Das bedeutet für sie eine Sorge weniger, weil sie wissen, daß der Redner damit zufrieden sein wird und daß die Informationen richtig und professionell aufbereitet sind.

Bei den seltenen Gelegenheiten, bei denen meine Vorstellung vor der Rede nicht an die Hände der richtigen Person gelangte, stellte ich fest, daß eines der drei folgenden Dinge passieren kann. Jedes ist von Nachteil.

Erstens sind oft die Fakten falsch, weil es an den richtigen Informationen mangelt.

Die zweite und schlimmste Möglichkeit ist, daß der Einführende, der sich beim Reden oft unbehaglich fühlt, zu scherzen versucht und dabei jämmerlich abstürzt. Dies ist umso schlimmer, als es im Publikum keine förderliche Atmosphäre für das schafft, was danach folgt. Wenn Sie dann schließlich auftreten, fühlt sich das Publikum verschaukelt. Das ist genau das Gegenteil von dem, was Sie wollen.

Drittens wird in den beiden obigen Szenarien verabsäumt, dem Publikum die Wichtigkeit des Themas Ihrer Rede zu vermitteln. Dieses Problem werden wir in diesem und im nächsten Kapitel behandeln. Das Unvermögen, eine Verbindung zwischen Ihrem Thema und den Interessen oder Bedürfnissen der Zuhörer/innen herzustellen, ist auch nicht gerade ein vielversprechender Start.

Information der die einführenden Worte sprechenden Person

Welche Schritte sollten Sie also zur Information jener Person unternehmen, die Sie vorstellt? Ich schicke oder faxe immer einen Vorstellungsentwurf, der speziell auf die jeweilige Gruppe abgestimmt wird. Außerdem lege ich einen Begleitbrief mit meiner Adresse bei, in dem ich den Organisatoren mitteile, daß sie diesen Entwurf für ihre einleitenden Worte ganz oder teilweise übernehmen können. Außerdem schlage ich vor, daß die ranghöchste anwesende Person die Vorstellung übernimmt, da dies der ganzen Sache mehr Glaubwürdigkeit verleiht. Besonders gut kommt es an, wenn Vorstandsvorsitzende die Einleitung bei Verkaufs- oder Managementkonferenzen sprechen.

Ich erwähne außerdem, daß die Vorstellung auch von einer anderen ranghohen Person übernommen werden kann,

*Teil V
Acht
essentielle
Aspekte der
öffentlichen
Rede*

der es leicht fällt, vor einer Gruppe einführende Worte zu sprechen. Für den Fall, daß der oberste Boß Schwierigkeiten damit hat, vor Gruppen zu sprechen, hilft dies, Peinlichkeiten zu vermeiden. Organisatoren von Konferenzen wissen, wer mühelos Reden halten kann und wer nicht. Sie können das bei Weihnachtsfeiern und anderen jährlich wiederkehrenden Ereignissen beobachten. Manche meiner Kollegen bestehen sogar darauf, daß die Person, die die Vorstellung übernimmt, ihren Part mehrere Male probt, bis das Ganze natürlich klingt. Ich verlange das nicht, weil dies meiner Meinung nach ohnehin getan wird, vor allem, wenn der Betreffende weiß, daß er extra für diese Aufgabe ausgesucht worden ist. Sie können experimentieren, um zu sehen, was in Ihren Gruppen funktioniert.

Inhalt

Auf den folgenden Seiten werden wir den Inhalt einer Einleitung genau analysieren. Lesen wir zunächst jene, die benutzt wurde, als ich bei der Florida Association of Mortgage Brokers (Vereinigung der Hypothekenmakler in Florida) vorgestellt wurde. Versuchen Sie, die vier Grundelemente der Vorstellung herauszufinden. Beachten Sie auch die Plazierung des Namens der Rednerin.

Vorstellung von Christine Harvey
Eröffnungsrednerin
The Florida Association Mortgage Brokers

Haben Sie jemals darüber nachgedacht, wie Ihr Leben aussehen würde, hätte niemand je Ihre Träume zunichte gemacht oder Ihre Ambitionen beschnitten?
Es heißt, 90% der sechsjährigen Kinder haben eine »Ich-

kann-das«-Einstellung. Wenn sie allerdings zwölf Jahre alt sind, haben sich nur noch 10% von ihnen diese Einstellung bewahrt.

Unsere heutige Rednerin wird uns einige Methoden erläutern, die von Menschen angewendet werden, die weltweit zu den erfolgreichsten in Sachen Überwindung des negativen Denkens gehören.

Diese Methoden können uns und auch den Leuten, mit denen wir arbeiten, helfen, das in uns schlummernde Potential auszuschöpfen. Das Thema ihrer Rede lautet: »Sie können etwas verändern«.

Für ihren Bestseller »Secrets of the World's Top Sales Performers« bereiste unsere Rednerin die Welt, um die Methoden der Topleute aus zehn Industriebranchen in zehn verschiedenen Ländern zu sammeln.

Sie ist eine Erfolgsfrau aus dem Bereich Verkauf und Trägerin zahlreicher Auszeichnungen. Sie hat selbst drei Unternehmen gegründet, von denen eines international tätig ist. Während der 14 Jahre, die sie in England lebte, war sie Vorsitzende der Sektion West der Londoner Handelskammer sowie des von Prinz Charles ins Leben gerufenen Enterprises Board, der neuen Unternehmen beim Start hilft. Ihre Trainingskurse wurden im Ostblock intensiv frequentiert, vor allem in der Tschechischen Republik, wo über 14 000 Personen in ihren Managementmethoden unterrichtet wurden.

Sie ist Amerikanerin und lebt zur Zeit in Brüssel. Sie ist Autorin von fünf Büchern über den Themenbereich der Motivation, die in 23 verschiedenen Ländern erschienen sind.

Diese Bücher sind:

- Secrets of the World's Top Sales Performers
- Your Pursuit of Profit
- Successful Selling in a Week
- Successful Motivation in a Week
  sowie
- Power Talk

Bitte begrüßen Sie nun mit mir – Christine Harvey.

*Teil V
Acht
essentielle
Aspekte der
öffentlichen
Rede*

Glauben Sie, daß Sie die vier wichtigen Aspekte einer Vorstellung herausarbeiten können? Wir werden uns auf den folgenden Seiten näher damit beschäftigen.

Wie man einen Redner vorstellt

Falls Sie schon irgendwann einmal einen Redner vorstellen mußten, empfanden Sie das als Privileg oder als Chance, auf die Sie sich schon freuten? Oder sahen Sie diesem Ereignis mit wackeligen Knien entgegen?

Wenn es Ihnen so ging wie den meisten Leuten, dann war eher letzteres der Fall. Dafür gibt es wahrscheinlich zwei Gründe.

1. Mangel an Know-how und Übung, um vor Publikum zu reden.
2. Unsicherheit darüber, was man sagen soll.

Ich verspreche Ihnen: Sollten Sie mit dem Reden vor Publikum nie mehr zu tun haben als Redner vorzustellen, wird Ihnen dieses Buch helfen, beide Ängste zu überwinden.

Ich sage dies, weil die Vorstellung eines Redners wirklich ein Privileg und eine Chance ist. Sie haben das Privileg, dem Meeting einen Grundton und eine bestimmte Stimmung aufzuprägen. Sie können es wunderbar gestalten. Sie können bewirken, daß das Publikum sich als privilegiert empfindet. Sie können das Thema in seiner Bedeutung aufwerten. Sie können die Redner wichtig erscheinen lassen – sie sind es tatsächlich, sonst hätten Sie sie nicht eingeladen, vor Ihrer Gruppe zu sprechen.

Nehmen Sie an, daß der Redner 45 Minuten lang spricht und 20 Personen zuhören. Das sind umgerechnet 15 Stunden, die dafür aufgewendet werden, einem Sprecher zu folgen. Das sind 15 Stunden, in denen sich die Leute auch mit etwas anderem beschäftigen könnten, es aber nicht tun. Sie sind gekommen, um Ihren Redner zu hören. Ist es deswegen nicht angebracht, für eine Vorstellung zu sorgen, durch die eine positive Stimmung erzeugt wird, eine Vorstellung, die das Fachwissen des Referenten mit den Bedürfnissen des Publikums verbindet? Natürlich ist es das.

Täten Sie es nicht, würden die Zuhörer wünschen, sie wären zu Hause geblieben und hätten die 15 Stunden anders genutzt. Sie hätten keinen vorteilhaften Eindruck von Ihrer Organisation, weil sie ihnen ihre Zeit gestohlen hat. Schieben Sie also Ihre Befürchtungen beiseite, und vertiefen Sie sich in die professionellste Vorstellung, die Sie zusammenzustellen imstande sind.

Hier ist eine hervorragende Vorstellungsformel:

Vorstellungsformel

In unseren Kursen über das Reden vor Publikum lehren wir die 1-3-6-1-Formel. Sie sieht folgendermaßen aus:

1. Thema oder Titel – nennen Sie *ein* Thema: Das heutige Thema (oder der Titel unseres heutigen Beitrags) lautet ...
2. Gründe, weshalb das Thema für die Gruppe wichtig ist – nennen Sie *drei* Beispiele: Dieses Thema ist für uns wichtig, weil ...
3. Gründe, weshalb der/die Referent/in qualifiziert ist – nennen Sie *sechs* Gründe: Unser/e Referent/in ist hervorragend qualifiziert, weil ...
4. Begrüßung des/der Referenten/in (*ein* Name): Begrüßen Sie nun mit mir ...

Ein aktuelles Beispiel ist meine Vorstellung bei der Vereinigung der Hypothekenmakler in Florida auf den vorangegangenen Seiten dieses Kapitels. Darin finden Sie folgendes:

*Teil V
Acht
essentielle
Aspekte der
öffentlichen
Rede*

1. Thema – *Eins:*
   – Gesamtes Potential ausschöpfen
2. Wichtigkeit für die Gruppe – *Drei Gründe:*
   – Jeder einzelne von uns verfügt über ungenutztes Potential.
   – Auch die Leute, mit denen Sie zusammenarbeiten.
   – Sie können etwas verändern.
3. Qualifikation der Referentin – *Sechs:*
   – Erfolgreiche Verkaufsleiterin
   – Gründerin von drei Unternehmen
   – Vorsitzende der Londoner Handelskammer
   – Mitglied des Enterprises Board, gegründet von Prinz Charles
   – Trainingskurse haben 14 000 Managern in der jungen Tschechischen Republik geholfen
   – Autorin von fünf Büchern, die in 23 Sprachen erschienen sind
4. Begrüßung der Referentin (*ein* Name):
   – Christine Harvey

Denken Sie an eine berühmte Person. Stellen Sie sich vor, daß diese Person kommt, um über ein Thema Ihrer Wahl vor Ihrer Gruppe zu sprechen. Schreiben Sie eine Vorstellung unter Verwendung der 1-3-6-1-Formel.

Gut, versuchen wir nun eine Vorstellung für Sie selbst zusammenzustellen.

Ihre eigene Vorstellung

Wählen Sie ein Ihnen zusagendes Fachgebiet aus den Bereichen Arbeit, Sport, Schule, Hobby oder anderen Interessensgebieten aus. Konstruieren Sie ein Thema

> wie »Wie ich in ... Tagen/Monaten/Jahren ... lernte«.
> Stellen Sie sich dann eine Gruppe von Leuten vor, die
> dies auch lernen will. Vielleicht eine Gruppe von Student/inn/en oder Akademiker/inne/n.
>
> Konstruieren Sie nun eine mitreißende Einleitung
> für Ihre Rede unter Verwendung der oben erklärten
> 1-3-6-1-Formel. Notieren Sie sie in Ihrem Notizbuch.
> Sie werden staunen, wie oft Sie in der Zukunft darauf
> zurückkommen werden.

Sie werden diese Übung als lohnend empfinden; Sie sollten sie sich nicht entgehen lassen. Sie wird Ihr Selbstvertrauen stärken, und kann Sie dazu inspirieren, eine Rednerkarriere zu starten. Sie werden erstaunt sein, wie wichtig das Thema für Ihr Publikum sein kann, und wie gut Sie dazu qualifiziert sind, darüber zu sprechen. Versuchen Sie es. Es wird Ihnen Spaß machen.

Gehen wir weiter, und danken wir unserem Referenten.

27 Ein Dank dem Referenten

Wenn Sie dafür ausgewählt worden sind, einem Redner zu danken, dann beginnen Sie mit der Erklärung, daß Sie dies als eine Ehre betrachten, so wie wir dies auch im vorigen Abschnitt »Wie man einen Redner vorstellt« besprochen haben. Wie bei der Vorstellung haben Sie auch hier die Gelegenheit, das Ereignis aufzuwerten, indem Sie dazu beitragen, daß sich das Publikum und der Referent geehrt fühlen. Dies ist für die Einstellung der Gruppe wichtig.

Einem Redner zu danken, ist nichts, was Sie schon vor der Zeit zu beunruhigen braucht.

Wenn Sie sich an die nachfolgende Formel halten, müssen Sie sich überhaupt nicht davor fürchten. Sie können die Formel als Rahmen verwenden, in den Sie die passenden Punkte einordnen, während der Redner spricht.

Sie werden erstaunt sein, wie leicht und unmittelbar die Formel anzuwenden ist. Es ist wirklich besser, auf diese Vorgabe zu vertrauen und einen aufrichtig empfundenen Dank auszusprechen, der sich direkt auf die Rede bezieht, als vorher Dankesworte vorzubereiten, die unflexibel sind und nicht zur Botschaft des Referenten passen. Diese künstliche Herangehensweise könnte von Zuhörern und Referenten als oberflächlich empfunden werden. Es ist besser, wenn Sie die Formel benutzen und aus Ihrem ehrlichen Empfinden heraus sprechen. Das können Sie sicher.

Formel für den Dank an den Referenten

1. *Vielen Dank* (Name)
2. *Was hat die Person gesagt,* (wählen Sie eines)
   was Ihnen gefallen hat
   was Ihnen geholfen hat
   was Sie beeindruckt hat
3. *Gruppennutzen:* Von der Person Gesagtes, das der Gruppe helfen oder ihr zugute kommen könnte
4. *Wodurch Ihnen der Redner und sein Beitrag in Erinnerung bleiben werden* (Beispiel: »Von nun an werde ich jedesmal, wenn ich eine Rose sehe, an Ihre hilfreichen Tips für die Gartenpflege denken«)
5. *Ausdrücken der Wertschätzung* dafür, daß er/sie seine/ihre Zeit geopfert und sein/ihr Wissen vermittelt hat
6. *Dank:* Danken wir nun gemeinsam (Name)

Hier ein Beispiel für einen fiktiven Kongreßabgeordneten, Edmond Smith, der über eine neue Entwicklung im Erziehungswesen gesprochen haben könnte:

Vielen Dank, Herr Abgeordneter Smith, daß Sie bereit waren, uns über Ihre wichtigen Erkenntnisse zu berichten.

Besonders fasziniert war ich von Ihren Vorschlägen für Eltern, die Ihre Ansichten den Schulbehörden mitteilen wollen. Ich werde gleich morgen ein Treffen von gleichgesinnten Eltern arrangieren.

Ich danke Ihnen im Namen unserer ganzen Gruppe, da wir alle Eltern sind, die das System verändern wollen. Sie haben uns zehn konkrete Vorschläge unterbreitet, die ich mir notiert habe.

Ich verspreche Ihnen, daß wir Ihren Beitrag immer in Erinnerung behalten werden. Jedesmal, wenn ich an unserer Schule vorbeigehe, werde ich an Ihre Worte denken: »Ergreifen Sie die Initiative – die Zukunft liegt in Ihren Händen.«

Ich danke Ihnen dafür, daß Sie uns Ihre Zeit und Ihr Fachwissen zur Verfügung gestellt haben.

(Blick in die Gruppe) Danken Sie nun gemeinsam mit mir ... Herrn Abgeordneten Edmond Smith. (Klatschen).

Wenn Sie in Zukunft die Ehre haben, einem Referenten zu danken, können Sie dieses Protokoll als Gedächtnisstütze verwenden.

Dankformel

– Ich danke Ihnen (Name des Referenten)

– Was wurde gesagt,
  was mir gefallen hat _____
  was mir geholfen hat _____
  was mich beeindruckt hat _____

– Was wurde gesagt, was der Gruppe helfen kann:

– Ich werde immer an Ihren Beitrag denken, wenn ich folgendes sehe (oder höre):

– Danke, daß Sie Zeit für uns hatten / uns Ihre Expertise zur Verfügung gestellt haben.

– Bitte danken Sie nun mit mir (Name)

(Sie können mit dem Applaus beginnen.)

© The Christine Harvey System of Public Speaking and Leadership Building

27
Ein Dank dem Referenten

Beweisen Sie es sich

Sehen Sie sich ein Fernsehinterview an, und bereiten Sie unmittelbar nach dem Ende des Interviews einen kurzen Dank an den Redner vor. Versuchen Sie vor allem, die einzelnen Teile schnell und natürlich wiederzugeben. Probieren Sie dies sechsmal mit unterschiedlichen Themen. Diese Übung wird Ihnen bei allen Aspekten des Sprechens und der Entwicklung von Führungsqualitäten helfen, eigenständig zu denken.

Ich garantiere Ihnen, daß Sie durch diese Übung viel professioneller werden. Üben Sie auch den in Teil 1 behandelten nonverbalen Ausdruck. Das wird Ihre Sicherheit und Glaubwürdigkeit verbessern.

Positives Feedback

Denken Sie nochmals alles durch, was Sie über Vorstellungen und Dankesworte gelernt haben. Fühlen Sie die Befriedigung, die aus dem Wissen entsteht, daß Information Stärke bedeutet. Nun haben Sie die Stärke und die Kraft, vor jeder beliebigen Gruppe professionell zu sprechen.

Betrachten wir nun einen anderen Aspekt des Referats, nämlich das Überreichen und Entgegennehmen von Auszeichnungen. Auch wenn Sie jetzt keine Ehrungen überreichen oder erhalten, wird es Sie in der Weiterentwicklung Ihrer Professionalität unterstützen. Sie erhalten vielleicht eine Auszeichnung, wenn Sie es am wenigsten erwarten.

28 Überreichen und Entgegennehmen von Auszeichnungen

Das Überreichen von Auszeichnungen

Beim Überreichen von Ehrungen können Sie – so wie auch bei Vorstellungen – für Spannung sorgen, wenn Sie den Namen des Preisträgers bis zum Schluß verschweigen.
Ihre Formel sieht folgendermaßen aus:

Formel für das Verleihen von Auszeichnungen

1. *Worin* besteht die Auszeichnung und wofür wurde sie gestiftet
2. *Wer* hat den/die Gewinner/in bestimmt
3. *Warum* wurde diese/r Gewinner/in ausgesucht
4. *Wer* hat gewonnen (Name)

Applaudieren Sie danach. Laden Sie den/die Gewinner/in ein, nach vorne zu kommen, überreichen Sie den Preis oder die Plakette, schütteln Sie ihm/ihr die Hand, und applaudieren Sie abermals.
Sehen wir uns ein Beispiel an. Es ist eines, das wir in unseren Seminaren verwenden, um einer Person, die sich durch besondere Leistungen ausgezeichnet hat, unsere Anerkennung auszudrücken.

Beispiel

»Es ist mir eine Freude, einem von Ihnen diese vergoldete Füllfeder mit der Aufschrift (lesen Sie die Aufschrift) zu überreichen. Dieser Preis wurde gestiftet, um eine Person auszuzeichnen, deren Leistungen besonders erfolgversprechend sind.

Sie, der/die Gewinner/in, wurden durch eine Abstimmung unter Ihren Kolleg/inn/en bestimmt. Sie wurden für die Aktionspläne ausgezeichnet, die Sie ausgearbeitet haben und die Sie umsetzen werden, nachdem Sie wieder in Ihr Büro zurückgekehrt sind.

Es ist mir nun eine große Freude, im Namen aller Kolleg/inn/en diesen Preis an (Name) zu überreichen.

(Applaus)

Bitte kommen Sie zu mir nach vorne.« (Schütteln Sie seine/ihre Hand, und übergeben Sie den Preis).

(Applaus)

Das Verleihen einer Auszeichnung

Stellen Sie sich vor, Sie wären dafür ausgewählt worden, Herrn Jones, einem Bürger der Gemeinde, der etwas Bedeutendes geleistet hat, einen Preis zu überreichen.

Notieren Sie in Ihrem Notizbuch, was Sie sagen würden; halten Sie sich dabei an die obige Formel. Sprechen Sie dann laut den Text, ohne auf Ihre Notizen zu sehen.

War es nicht ein angenehmes Gefühl, einer anderen Person Ihre Anerkennung auszusprechen, und dies in professioneller und selbstsicherer Weise zu tun?

Teil V
Acht essentielle Aspekte der öffentlichen Rede

Warum werden Auszeichnungen verliehen?

Auszeichnungen werden von Leuten sehr geschätzt. Sie sind ein wunderbarer Weg, einer Person Anerkennung für ihre Leistungen und Anstrengungen auszusprechen. Sie werden immer häufiger von Organisationen und Unternehmen als Ansporn und Motivation verwendet.

Auszeichnungen können in Form von Preisen oder Medaillen verliehen werden. Medaillen oder gerahmte Zertifikate mit Namen und Grund der Auszeichnung sind bei den Empfängern sehr beliebt. Wir verwenden sie immer für unsere Trainer, um ihren Einsatz, ihren Erfolg oder ihr Können zu würdigen.

Hier sind einige Titel von Zertifikaten, die wir kreiert haben:

- Vielversprechendster neuer Trainer
- Dank für besondere Leistungen
- Betreuer der größten Zahl von Delegierten im Jahr (Jahreszahl)
- Geprüfter Trainer für ... (Verkaufstechniken, Motivation, Verkauf und Marketing, Reden vor Publikum)
- Dank für besondere Gastfreundschaft

Unsere Zertifikate werden immer am Computer erstellt, einzeln auf pergamentähnlichem Papier gedruckt und dann gerahmt.

Außerdem fotografieren wir den/die Preisträger/in bei der Übergabe der Ehrung, vorzugsweise mit der Polaroidkamera, damit er/sie ein Foto mit nach Hause nehmen kann.

Sie könnten darüber nachdenken, wie Sie für Ihre Organisation Auszeichnungen gestalten könnten, um Ihre Mitarbeiter/innen zu motivieren und zu inspirieren.

Wie man eine Auszeichnung entgegennimmt

28 Überreichen und Entgegennehmen von Auszeichnungen

Für den Fall, daß sie irgendwann einmal in Zukunft eine Auszeichnung entgegennehmen sollten, prägen Sie sich bitte dieses einfache Schema ein. Es ist bei der Preisübergabe leicht zu befolgen. Ihre Dankesworte werden dann aufrichtig und spontan klingen, und das Publikum wird sie positiv aufnehmen.

Hier ist das Schema:

1. *Danken Sie* den Verantwortlichen.
2. Erklären Sie, *was die Ehrung für Sie bedeutet.*
3. Erzählen Sie, *wie Sie den Preis verwenden* oder wo Sie ihn aufstellen werden.
4. Sagen Sie, in welch angenehmer *Erinnerung* sie die Gruppe behalten werden.
5. Ich *danke* Ihnen.

Hier ist ein Beispiel:

Ich danke Euch, liebe KollegInnen, daß Ihr mich gewählt habt. Ich fühle mich sehr geehrt. Außerdem danke ich unseren Lehrern Mrs. Leventhal und Mr. Brown für ihre Unterstützung.

Dieser Preis bedeutet mir viel, und ich verspreche Euch jetzt, daß ich alles genau so in die Praxis umsetzen werde, wie wir es in diesen zwei Tagen besprochen haben.

Ich werde diese Füllfeder hier aufbewahren, in der Nähe meines Herzens (zeigt auf die Jackentasche), und immer, wenn ich sie herausnehme, um sie zu verwenden, werde ich an Euch und Eure Unterstützung denken und an meine Verantwortung, weiterzumachen.

Ich danke Euch vielmals.

*Teil V
Acht
essentielle
Aspekte der
öffentlichen
Rede*

Sie nehmen einen Preis entgegen

Stellen Sie sich vor, Sie wären von einer in einem für Sie wichtigen Arbeitsgebiet tätigen Organisation zur erfolgreichsten Kraft in diesem Bereich gewählt worden.

Betrachten Sie die Medaille, und stellen Sie sich ihren Namen darauf vor.

Überreicht (Ihr Name)

_____

am (heutiges Datum)

_____

als erfolgreichste Kraft auf dem Gebiet
(Bereich, der Ihnen am meisten am Herzen liegt)

_____

Stellen Sie nun eine Dankesrede für die Entgegennahme der Ehrung zusammen. Benutzen Sie dabei die obige Formel. Notieren Sie die Rede in Ihrem Notizbuch, und sprechen Sie dann frei, ohne dabei auf Ihre Aufzeichnungen zu sehen.

Wenn Sie nur wenig oder gar keine Erfahrung mit dem Reden vor Publikum haben, werden Sie versucht sein, nur »danke« zu sagen und sich sofort wieder niederzusetzen. Tun Sie das bitte nicht. Vielleicht sagen Sie sich: »Ich habe noch niemanden gesehen, der bei der Entgegennahme irgend etwas gesagt hätte«. Oder Sie fürchten, Sie könnten sich blamieren.

Wenn Sie sich professionell bedanken, erzielen Sie vier positive Effekte:

1. Sie verschaffen sich den Ruf, jemand zu sein, der es verdient zu gewinnen. Das Wahlkomitee kann sich dann sagen: »Ja, wir haben eine gute Wahl getroffen«. Auch das Publikum wird mit der Wahl zufrieden sein.
2. Sie machen dem Gremium, das den Preis vergibt, Ehre. Wenn Sie professionell auftreten, gereicht das dem Gremium zur Ehre.
3. Sie heben das Niveau der Gruppe.
4. Und am wichtigsten ist, daß Sie sich selbst sehr gut fühlen, wenn Sie nach Ihren Dankesworten wieder Platz nehmen. Das bedeutet viel. Geben Sie der Angst vor einer möglichen Niederlage nicht nach. Nur wer wagt, gewinnt.

Sie sind ein Gewinner. Sonst wären Sie für die Ehrung nicht ausgewählt worden. Wenn Sie mehr Selbstvertrauen brauchen, konzentrieren Sie sich auf die nonverbalen Übungen in Teil 1. Sie werden Ihnen helfen, Ihre Ängste zu überwinden, wenn Sie bei der Preisübergabe aufstehen und Ihre fünf Sätze lange Dankesrede halten.

28
Überreichen und Entgegennehmen von Auszeichnungen

> *Positives Feedback*
>
> Gehen Sie folgende Übung durch, bevor Sie eine Ehrung entgegennehmen. Sind Sie nicht für einen Preis vorgesehen, versuchen Sie es trotzdem. Stellen Sie sich vor, Sie hätten einen gewonnen. Es ist eine gute Übung für das Reden vor Publikum, für die Stärkung des Selbstvertrauens und für die Entwicklung von Führungsqualitäten.

*Teil V
Acht
essentielle
Aspekte der
öffentlichen
Rede*

> ### Stellen Sie sich die Entgegennahme Ihres Preises vor
>
> Setzen Sie sich bequem in einen Sessel, und vergegenwärtigen Sie sich die Gruppe und den Raum, in dem der Preis überreicht werden könnte (das kann irgendeine Gruppe in irgendeinem Raum sein – Sie müssen keine Details kennen).
>
> Sehen Sie nun sich selbst nach vorne zur Preisübergabe gehen. Spüren Sie das angenehme Gefühl, von Ihren Kolleg/inn/en oder von einem Komitee für diese Ehrung ausgewählt worden zu sein. Sehen Sie sich bei der Preisübergabe tief Luft holen.
>
> Stellen Sie sich nun vor, wie Sie sich zum Publikum wenden und Ihre fünf Sätze sprechen. Hören Sie sich in Gedanken zu, wie Sie den Verantwortlichen danken, und wie Sie erzählen, was die Ehrung für Sie bedeutet, wie Sie sie verwenden oder ausstellen werden, und wodurch Sie die Gruppe in Erinnerung behalten werden.
>
> Fühlen Sie schließlich noch einmal die Dankbarkeit, hören Sie sich »danke« sagen, und gehen Sie zu Ihrem Platz zurück.

War das nicht eine schöne Erfahrung? Ich fühlte mich schon beim Niederschreiben gut. Auch wenn es Ihnen ungewöhnlich erscheint, versuchen Sie es. Niemand außer Ihnen wird es erfahren. Wenn Sie sich selbst visualisieren, wie Sie ruhig und gelassen bleiben, werden Sie es als etwas ganz Alltägliches empfinden, wenn es dann tatsächlich einmal soweit ist. Erinnern Sie sich an meine Geschichte am Beginn dieses Buches, in der ich erzählt habe, daß Basketballspieler, die ihren Erfolg in Gedanken, *ohne* Ball, visualisieren, im Feld tatsächlich besser spielten als jene, die *mit* dem Ball geübt hatten? Lassen Sie sich von Ihrer Vorstellung tragen, damit Sie sich in der Situation wohlfühlen und rasche Fortschritte im Reden vor Publikum und der Entwicklung von Führungsqualitäten machen.

28 Überreichen und Entgegennehmen von Auszeichnungen

TV-übertragene Preisverleihungen

Haben Sie jemals Leute aus der Filmindustrie beim Überreichen oder Entgegennehmen von Preisen beobachtet? Wenn ja, dann haben Sie sicher festgestellt, daß dort nach denselben Grundregeln vorgegangen wird. Wir erfahren, wer den Preis verliehen bekommen hat und warum. Der/die Gewinner/in bedankt sich bei den Verantwortlichen und erzählt, warum er/sie diesen Preis so schätzt.

Wenn die Entgegennahme Ihres Preises vom Fernsehen übertragen oder auf Video aufgezeichnet wird, sollten Sie genau die Techniken anwenden, die wir in diesem Kapitel besprochen haben. Gehen Sie auch die Übungen für den Blickkontakt in Kapitel 2 durch. Lassen Sie sich vom Licht und den Kameras nicht irritieren. Stellen Sie sich vor, diese Dinge wären gar nicht da, und konzentrieren Sie sich auf die Leute. Wenn Sie sich natürlich verhalten, werden Sie wie ein Profi wirken. Wenn Sie direkt in die Kamera schauen müssen, was bei manchen Interviews der Fall sein kann, stellen Sie sich konzentriert vor, daß nur eine einzige Person in ihrem Sessel im Wohnzimmer sitzt und Sie beobachtet. Denken Sie sich das Ganze einfach als Gespräch, dann werden Sie sich besser fühlen.

Soweit, so gut. Gehen wir nun zu einem anderen Bereich über, der Ihnen, auch wenn Sie niemals konkret mit ihm befaßt sein sollten, bei der Arbeit helfen wird.

29 Die Arbeit mit Dolmetschern

1990 hielten wir unser erstes Managementseminar in der ČSFR ab, das vom Britischen Know-How-Fonds gesponsert wurde. Wir hatten drei Trainer, die ganztägige Simultanseminare abhielten, und sechs Dolmetscher – zwei für jeden Trainer. Ich fragte die Agentur, bei der ich die Dolmetscher buchte, ob ich vorher mit den Dolmetschern sprechen könne. »Nein, das sind lauter Profis«, wurde mir versichert. »Sie haben sowieso Ihre Texte bekommen. Ich bin sicher, daß sie alles haben, was sie brauchen.« Wir glaubten ihren Beteuerungen und verzichteten darauf, weiter auf einen vorherigen Kontakt zu drängen.

Der erste Tag des Seminars kam. »Das ist ein äußerst schwieriger Auftrag«, erklärte mir der erste Dolmetscher. »Ich hatte gehofft, Sie würden mich anrufen, damit wir uns vor dem Seminar noch ein wenig unterhalten könnten.«

Das war das letzte Mal, daß ich mir in dieser Sache unsicher war. Dolmetscher sind Profis, und sie wollen gute Arbeit leisten. Wenn ich jetzt Redner betreue, die im Ausland arbeiten, dann sage ich ihnen, daß alle Instruktionen, die sie Dolmetschern geben können, dankbar aufgenommen werden.

Zum erstenmal arbeitete ich im Jahr 1986 mit Dolmetschern, als mein erstes Buch erschien. Jetzt spreche ich jeden Monat mehrmals mit der Unterstützung von Dolmetschern. Manchmal zwei Stunden lang, manchmal zwei Tage lang.

Im folgenden habe ich dargestellt, was ich gelernt habe, und was ich auch Ihnen empfehlen möchte, auch wenn Sie zum ersten Mal eine Rede halten.

Die wesentlichen Erfolgsfaktoren

1. *Instruktionen.* Geben Sie dem Dolmetscher/der Dolmetscherin vorher immer Instruktionen. Auch wenn Sie sich nicht an schriftliche Redeunterlagen halten, sollten Sie ihm/ihr einen großen Überblick über das Thema geben.
2. *Liste der schwierigen Wörter.* Wenn Sie mit dem Dolmetscher/der Dolmetscherin sprechen, geben Sie ihm/ihr eine Liste von schwierigen Wörtern, umgangssprachlichen Ausdrücken oder Sprichwörtern, die vielleicht in seinem/ihrem Land nicht verwendet werden. Dinge wie »wo drückt dich der Schuh« oder »Däumchen drehen« lassen sich nicht unbedingt übersetzen. Achten Sie auch auf Fachausdrücke, die Sie möglicherweise als selbstverständlich voraussetzen. Ein Dolmetscher, der mir zugeteilt wurde, übersetzte »Brainstorming« mit »Gehirnwäsche«. Er machte es nicht lange. Nun ja, in den Ländern des ehemaligen Ostblocks war immer noch ein Hauch von Kommunismus zu spüren ...
3. *Fordern Sie die Dolmetscher auf, im selben Tonfall zu sprechen wie Sie,* an denselben Stellen Pausen zu machen, dieselben Wörter zu betonen, und mit der gleichen Energie zu sprechen wie Sie. Denken Sie daran, daß Sie einige Zeit darauf verwendet haben, festzulegen, worauf die Betonung liegen sollte. Sie haben Erfahrungen mit dem Einsatz Ihrer Stimme gesammelt. Und doch kann das Publikum nur den Dolmetscher verstehen. Wenn Sie hervorragende Arbeit leisten und der Dolmetscher leiert seine Übersetzung ausdruckslos herunter, dann wird Ihre Rede ein Mißerfolg sein. Wenn ich beispielsweise sage: »Lassen Sie sich nie, nie, nie dabei erwischen«, dann warte ich, bis ich höre, daß das Wort »nie« dreimal wiederholt wird. Ich muß die Sprache nicht beherrschen, um erkennen zu können, ob ein Wort dreimal wiederholt

*Teil V
Acht essentielle Aspekte der öffentlichen Rede*

wird. Wenn der Dolmetscher es nicht korrekt sagt, wiederhole ich den Satz und beharre auf dem *Nie, Nie, Nie.* Er denkt vielleicht, daß ein »Nie« ausreicht. Aber für mich ist es wichtig für die Betonung. Die meisten Dolmetscher verstehen und fügen sich. Ich wiederhole lieber den Satz, anstatt zu unterbrechen und auf Fehler aufmerksam zu machen, weil so der Redefluß nicht unterbrochen wird und die ganze Sache dem Publikum weniger auffällt.

4. *Ankunftszeit.* Geben Sie der Agentur bekannt, wann der Dolmetscher vor Ort sein soll. Geben Sie sich Zeit, sich an den Raum zu gewöhnen und die Menschen kennenzulernen. Ich bin gern schon eine Stunde vor Beginn meiner Rede an Ort und Stelle und bestelle auch die Dolmetscher für dieselbe Zeit.

5. *Sagen Sie »Folgen Sie mir«.* Wenn der Dolmetscher kommt, sagen Sie ihm, wie Sie vorgehen werden und was Sie erwarten. Ich weise meine Dolmetscher immer an, mir zu folgen wie mein Schatten. Ich sage ihnen, daß ich ihre Unterstützung brauchen werde, um mich vor Beginn der Rede mit Zuhörern aus dem Publikum unterhalten zu können. Ich teste auch das Mikrofon. Ich fordere sie auf, sich an mich zu hängen wie Kletten. Vielleicht bin ich in einem Augenblick in einem Teil des Raumes und im nächsten Moment schon irgendwo anders. Meine Dolmetscher müssen dann ebenfalls dort sein. Sonst bin ich »sprachlos«.

6. *Fordern Sie sie auf, alles zu übersetzen, was Sie sagen,* und bei Konversationen auch all das, was Ihr Gesprächspartner sagt. Wenn dieser Ihre Sprache ein wenig beherrscht, wird der Dolmetscher manchmal zögern, alles zu übersetzen. Sagen Sie ihm, daß er dolmetschen soll, bis Ihr Gesprächspartner ihn bittet aufzuhören. Wenn er zögert, können drei oder vier Sätze verlorengehen.

7. *Fordern Sie den Dolmetscher auf, die direkte Rede zu verwenden.* Es wirkt persönlicher, wenn er sich so ausdrückt, als ob er für sich selbst redete (oder ich wäre), anstatt zu sagen: »Mrs. Harvey sagte, heute sei ein wunderschöner Tag, oder Mrs. Harvey möchte, daß Sie nach vorne kommen«. Es klingt viel besser zu sagen: »Heute ist ein wunderschöner Tag« oder »Bitte kommen Sie nach vorne«.
8. *Fordern Sie ihn auf, exakt zu wiederholen, was die andere Person sagt,* sogar wenn es seiner Meinung nach keinen Sinn ergibt. Sie werden dann die klärenden Fragen stellen, falls Sie eine Klärung wünschen. Der Grund dafür, daß ich so vorgehe, ist, daß ich herausfinden will, wie mein Gesprächspartner denkt, und nicht, welcher Ansicht der Dolmetscher ist. Wenn Sie alle klärenden Fragen dem Dolmetscher überlassen, stehen Sie vielleicht zehn Minuten lang einfach da, während die beiden die Sache auskämpfen, und am Ende hören Sie dann eine Zusammenfassung. Das ist nicht vorteilhaft für Sie. Ihnen entgeht zuviel. Ich erlaube auch nicht, daß der Dolmetscher meine Aussagen erklärt. Daß er dies tut, wird offensichtlich, wenn Sie einen Satz sagen und der Dolmetscher fünf. In diesem Fall lauten meine Instruktionen an ihn/sie: »Bitte übersetzen Sie genau, was ich gesagt habe, nicht mehr und nicht weniger. Wenn mein Gesprächspartner eine Frage hat, soll er sie mir stellen.«
Wenn Sie darüber nachdenken, werden Sie feststellen, daß das sinnvoll ist, weil nur Sie allein wissen, was Sie mit dem, was Sie sagen, meinen. Wenn es für den Zuhörer zweideutig klingt, dann ist es auch für den Dolmetscher zweideutig. Wenn er oder sie Ihre Aussage zu erklären versucht, dann ist er/sie auf bloßes Rätselraten angewiesen. Wenn Sie auf der Regel bestehen, daß der Dolmetscher nur das zu übersetzen hat, was Sie und Ihre

Gesprächspartner sagen, dann wird Ihre Arbeit einfach, präzise und weniger frustrierend sein.

9. *Austauschen, wenn inadäquat.* Wenn der Dolmetscher quälend langsam oder ungenau übersetzt, bitten Sie den Organisator, die Agentur dazu aufzufordern, unverzüglich für Ersatz zu sorgen. Fahren Sie dann fort, so gut wie möglich mit der Gruppe zu arbeiten; verwenden Sie dabei einfachere Konzepte, bis der Ersatz eintrifft. Sie können auch eine Kaffeepause machen. Ich würde die Veranstaltung nicht abbrechen, weil die Menschen dann enttäuscht sind. Bewahren Sie Ihre professionelle Haltung, und das Publikum wird mit der Situation zu Rande kommen. Erklären Sie dann einfach dem ersten Dolmetscher, daß Sie ihm/ihr für seine/ihre Bemühungen sehr danken, daß Sie für diese Aufgabenstellung aber jemanden mit mehr Erfahrung brauchen. Als ich das erste Mal in dieser Situation war, machte ich mir große Sorgen, daß ich die Gefühle des Dolmetschers verletzen könnte, aber dann stellte ich fest, daß er erleichtert war. Sie wissen schon, wann sie auf dünnes Eis geraten, und deshalb tun Sie ihnen einen Gefallen, wenn Sie sie vom Haken lassen.

10. *Den Dolmetscher vorstellen und ihm danken.* Ich finde, es ist eine nette Geste, den Dolmetscher zu Beginn namentlich vorzustellen und ihm/ihr am Ende zu danken. Die Zuhörer schätzen einen guten Dolmetscher in der Regel sehr und bewundern ihn außerordentlich. Manchmal kommt jemand nach der Rede zu uns und sagt, daß der Dolmetscher und ich perfekt harmoniert hätten, wie zwei fein aufeinander abgestimmte Instrumente. Es ist schön, wenn das passiert. Auch wir beide nehmen es wahr.

11. *Simultan oder konsekutiv?* Üblicherweise werden Sie gefragt, was Sie wollen. Möchten Sie, daß der Dolmet-

scher gleichzeitig mit Ihnen spricht, oder wollen Sie, daß er Satz für Satz dolmetscht, während Sie nach jedem Satz eine Pause machen, um ihm Zeit für die Übersetzung zu geben?

Wenn Sie sich für das Konsekutivdolmetschen entscheiden, wird Ihre Rede beinahe doppelt so lang ausfallen. Ich denke, daß man dadurch das Publikum verliert. Wer will dasitzen und sich buchstäblich zwei ganze Reden anhören, von denen man eine nicht versteht? Positiv ist, daß das Konsekutivdolmetschen die genauere Technik ist, weil der Dolmetscher mehr Zeit zum Zuhören hat.

Beim Simultandolmetschen muß er oder sie gleichzeitig zuhören und reden. (Dolmetscher, die dies gut beherrschen, sind sehr dünn gesät. Oft sagt der Sprecher rasch hintereinander fünf Sätze, und Sie hören nur einen, und das langsam. Das ist eine Zusammenfassung, keine Übersetzung. Vieles geht verloren.) Ich bevorzuge die Simultanübersetzung, weil sie schneller ist, vorausgesetzt, der Dolmetscher arbeitet gut. Wenn Sie sich auf Konsekutivübersetzung beschränken müssen, sagen Sie dem Dolmetscher, daß Ihr Sprechrhythmus ein rascher sein wird. Versuchen Sie, Ihren nächsten Satz sofort zu beginnen, nachdem er zu Ende gesprochen hat, oder sogar noch ein wenig vorher. Wenn Sie zwischen den Sätzen Sekunden verstreichen lassen, werden Sie die Rede sehr in die Länge ziehen. Alle Beteiligten werden erschöpft sein – Sie, der Dolmetscher und das Publikum.

Alles in allem kann ich sagen, daß die Arbeit mit einem Dolmetscher eine wundervolle Erfahrung ist. Es ist, als ob ich einen Freund dabeihätte, oder einen Arzt, der über all meine Bedürfnisse wacht.

*Teil V
Acht
essentielle
Aspekte der
öffentlichen
Rede*

Ich erinnere mich daran, daß mir bei der Geburt meiner Kinder der Anästhesist die einzige Person zu sein schien, die über mein Leben wachte. Er war es, der sich um meine Lebensäußerungen kümmerte, während sich alle anderen nur auf das Kind konzentrierten. Ein Dolmetscher ist wie Ihr persönlicher Retter in einer fremden und vielleicht verwirrenden Umgebung.

Wenn Sie zum ersten Mal die Chance haben, mit einem Dolmetscher zu arbeiten, fürchten Sie sich nicht davor, so wie manche Redner es tun. Es wird eine sehr schöne Erfahrung für Sie werden.

30 Machen Sie sich auf seltsame und wunderbare Dinge gefaßt

Amphitheater und Scheinwerfer

Einmal mußte ich in einer amphitheaterartigen Konferenzhalle sprechen, in der die Sitzreihen weit, weit nach oben reichten, doppelt so hoch wie die Bühne, auf der ich stand. Das war kein Problem. Das Problem ergab sich erst, als das Saallicht abgedreht wurde. Es gab keine Fenster. Dann wurde ein Scheinwerfer auf mich gerichtet. Können Sie sich vorstellen, wieviel ich sah? Richtig. Überhaupt nichts, nichts, was weiter als einen halben Meter vor mir entfernt war. Kein Publikum, kein Amphitheater. Ich arbeite gern mit Augenkontakt, also löste ich mein Problem, indem ich meine Blicke der Reihe nach in verschiedene Bereiche der Halle richtete. Ich prägte mir bei Proben die Form des Raumes ein. Es funktionierte.

Autocue

Haben Sie schon einmal mit einem Autocue gearbeitet? Das ist eine absolut großartige Sache. Ich habe Autocues sowohl bei Reden als auch bei der Aufnahme von Videos verwendet. Bei der Autocue-Technik wird Ihre Rede abgetippt und auf einen Plexiglas-Schirm projiziert, der kleiner ist als ein Blatt Papier und über dem Rednerpult oder auf der Bühne plaziert werden kann. Das Publikum kann den Text nicht sehen, Sie aber sehr wohl. Ich hatte anfangs Schwierigkeiten damit, mich daran zu gewöhnen, das Publikum durch das Plexiglas *hindurch* anzusehen, das sich zwischen uns befand. Zuerst versuchte ich immer, links oder rechts, oben oder unten daran vorbeizulugen. Dann erklärte mir der Inspizient, daß ich hindurchschauen könne. Das war eine echte Erleichterung. Von da an lief es prächtig. Alles, was nötig war, war eine geistige Umstellung.

Zu Beginn ist es auch ein zermürbendes Gefühl, der Person, die den Autocue bedient, auf Gedeih und Verderb ausgeliefert zu sein. Sie bewegt den Text weiter, während Sie sprechen. Sie können jeweils nur vier oder fünf Zeilen auf einmal sehen. Wenn Sie zu reden aufhören, hält er oder sie ebenfalls inne. Wenn Sie schnell sprechen, wird auch der Text schnell weiterbewegt. Wenn Sie improvisieren, wird er oder sie den Text anhalten und warten, bis Sie sich wieder an den vorgesehenen Wortlaut halten. Ich habe großen Respekt vor den Personen, die Autocues bedienen. Das muß eine äußerst stressige Tätigkeit sein. Diese Leute wissen, daß Sie verloren sind, wenn Sie die Stelle verlieren, an der Sie gerade sind. Aber wenn Sie einmal mit diesem System gearbeitet haben, werden Sie Vertrauen fassen und es schätzen lernen.

Wenn Sie jemals die Chance haben sollten, mit einem Autocue zu arbeiten, lassen Sie sie sich nicht entgehen.

Verbindungen knüpfen

Wenn Sie Reden halten, knüpfen Sie Verbindungen zu Organisationen und Individuen. Vor einigen Jahren sprach ich auf der Verkaufstagung des Unterhaltungselektronikbereichs bei Sony. In meiner Rede sprach ich davon, wie oft wir unsere imaginären Schiedsrichterpfeifen zücken und schlechte Leistungen »auspfeifen«. Viel wichtiger wäre es jedoch, gute Leistungen anzuerkennen. Nach meiner Rede ließ David Pearson, der Bereichsleiter, für alle Teilnehmer der Tagung Goldpfeifen anfertigen, um sie daran zu erinnern, daß sie auch gute Leistungen »auspfeifen« sollten. Ich war wirklich gerührt. Das war eine wunderbare Art, dafür zu sorgen, daß die Leute sich an das Prinzip erinnerten und gleichzeitig die Wichtigkeit der Tagung zu unterstreichen.

Fragen, die mir oft gestellt werden

Ich werde oft gefragt, was ich am liebsten tue und was ich abgesehen davon noch gern täte. Die Antwort ist, daß ich es liebe, anderen Menschen bei ihrer Weiterentwicklung behilflich zu sein. Wenn ich in einem unserer Redekurse bemerke, daß ein Teilnehmer das, was er lernt, anwendet und sich so auf eine höhere Ebene weiterbewegt, dann gibt mir das enorme Befriedigung. Dasselbe gilt auch, wenn ich unsere Trainer unterrichte. Ich kann sagen, daß ich jeden einzelnen von ihnen lieben gelernt habe, während ich beobachten konnte, wie er/sie seine/ihre Fähigkeiten weiterentwickelte. Manche von ihnen haben noch nie zuvor in der Öffentlichkeit gesprochen, doch nach wenigen Tagen intensiven Trainings sind sie imstande, sich anderen mit Selbstbewußtsein und in glaubwürdiger Weise mitzuteilen. Mir selbst gibt dies ein Maximum an Befriedigung.

Was andere Dinge betrifft, die ich gern tun würde, so sehe ich oft edel gesinnte Menschen im Fernsehen, die sehr wichtige Botschaften zu vermitteln haben, die aber nie gelernt haben, effektiv zu kommunizieren. Das gilt sogar für einige Staatsoberhäupter und Regierungsmitglieder und auch für manche Sprecher von Organisationen mit hochfliegenden Ambitionen. Ich finde es schade, daß diese Leute in einer Welt, die höchste Ideale nötig hat, die Chance vergeben, so großen Eindruck zu machen wie möglich. In der Zukunft würde ich gern Zeiten in meinem Terminkalender für das

Coaching solcher Leute reservieren, um sie persönlich dabei zu unterstützen, ihre Botschaft effektiver zu vermitteln.

Darüber hinaus möchte ich weiterhin schreiben und vielleicht ein Buch pro Jahr produzieren anstatt wie bisher eines in zwei Jahren, und außerdem meine Redetourneen und meine TV-Arbeit fortsetzen. Ein Liveauftritt im Fernsehen peitscht den Adrenalinspiegel in die Höhe, und die Spannung dabei ist praktisch unbeschreiblich. Hier ist perfekte Leistung gefragt, dafür winkt auch allerhöchste Befriedigung.

Sie können etwas verändern

Ich sprach einmal vor einer großen Gruppe in Australien, und nach meiner Rede kamen mehrere Personen zu mir, um sich mit mir zu unterhalten. Unter diesen Leuten war auch eine Frau in einer roten Jacke. Ich sagte ihr, daß sie in dieser Jacke gut aussehe. Zwei Jahre später hielt ich mich wieder in Australien auf. Als ich auf der Straße dahinschlenderte, tippte mir jemand auf die Schulter. »Christine«, sagte eine Stimme, »Sie werden sich wahrscheinlich nicht an mich erinnern können, aber ich war vor zwei Jahren Zuhörerin bei einer Ihrer Reden. Sie sagten mir, wie nett ich in meiner roten Jacke aussähe. Ich möchte Ihnen danken, weil – Sie wußten das damals nicht, aber ich machte gerade eine Phase tiefer Depression durch. Was Sie sagten, gab mir enormen inneren Auftrieb. Immer, wenn ich mich deprimiert fühlte, zog ich meine rote Jacke an und sagte zu mir: ›Christine Harvey findet, daß ich hiermit gut aussehe‹.«

Ich habe schon früher erwähnt, daß Sie, wenn Sie vor Publikum sprechen, die Chance haben, viele Leben in einer gewissen Weise zu berühren. In der National Speakers Association, in der ich aktives Mitglied bin, lautet unser diesjähriges Motto, das von unserer Präsidentin Naomi Rhodes ausgewählt wurde, »Das Privileg des Podiums«. Es ist in der Tat ein Privileg, wenn man hört, daß man etwas im Leben anderer Menschen verändern kann. Es sind nicht nur die emotionalen Momente, es sind auch die Augenblicke, in denen man anderen Menschen neue Perspektiven eines alten Problems vermitteln oder ihnen eine neue Richtung aufzeigen kann, in die sie gehen können.

30 Machen Sie sich auf seltsame und wunderbare Dinge gefaßt

Sie können es

Wenn Sie lernen, in der Öffentlichkeit zu sprechen, gibt es viele Wege, die Sie einschlagen können. Da sind die Kinder, die Ihre Inspiration brauchen, Erwachsene, die Ihre Hoffnung und Ermutigung brauchen, Ihre Ideen, Ihr Wissen. Und Reden kann einer der wirkungsvollsten Beiträge sein, vor allem, wenn Sie für das, worüber Sie sprechen, Leidenschaft empfinden.

Sie alle haben Dinge, für die Sie mit Leidenschaft eintreten. Gehen Sie tief in sich, und finden Sie heraus, welche Dinge das sind.

Vor vielen Jahren nahm ich an einem Wettbewerb teil, der von der Singer Company gesponsert wurde. Bei diesem Wettbewerb sollte unter 40 000 Bewerbern und Bewerberinnen die beste Schneiderin oder der beste Schneider der Welt ermittelt werden. Die Anforderungen waren sehr streng. Jede Naht und jeder Zwickel wurden von Experten mit Adleraugen geprüft. Wer diesen Test bestand, mußte das Kleidungsstück bei einer Modenschau vorführen, bei der Paßform und Design bewertet wurden.

Nach sechs Jahren, in denen ich es immer wieder versucht hatte und gescheitert war, gewann ich den Wettbewerb schließlich. Das lehrte mich, daß es möglich ist, in bezug auf eine ganz bestimmte Leistung zum Weltmeister zu werden.

*Teil V
Acht
essentielle
Aspekte der
öffentlichen
Rede*

Es braucht lediglich konsequente Übung und schrittweise Weiterentwicklung von einer Ebene auf die nächste.

Während Sie nun dieses Buch lesen, denken Sie vielleicht, daß Sie niemals die Fähigkeit oder das Selbstvertrauen entwickeln könnten, das nötig ist, um vor Publikum zu sprechen oder das Leben anderer Menschen zu beeinflussen. Das ist nicht richtig. Sie können es. Wenn ich in einer bestimmten Sache innerhalb von sechs Jahren die Beste der Welt werden konnte, dann können Sie binnen relativ kurzer Zeit ein/e kompetente/r, selbstbewußte/r Redner/in werden.

Sie brauchen keine Gruppe, um Übung zu bekommen. Sie können ganz allein beginnen, und zwar mit den Übungen, die in diesem Buch vorgeschlagen werden. Sie werden feststellen, wie Ihr Selbstbewußtsein von Schritt zu Schritt wächst. Dann wird Ihre Lebenserfahrung Ihre Fähigkeiten als Redner oder Rednerin befruchten und umgekehrt.

Viel Glück. Vor Ihnen liegt eine wundervolle Zukunft. Wenn Sie nächste Woche als ersten Einstieg auch nur die Chance haben sollten, einen anderen Redner anzukündigen – packen Sie die Gelegenheit beim Schopf und genießen Sie sie. Aus diesem ersten Mal werden sich weitere Chancen ergeben. Sie werden andere Menschen inspirieren, vor allem aber sich selbst.

Nun machen Sie sich auf den Weg, und sehen Sie, was die Zukunft bringt. Schreiben Sie mir, und berichten Sie mir von Ihren Erfolgen.

Alles Gute und Liebe

CHRISTINE HARVEY
Intrinsic Marketing, 20 Station Road
West Drayton, Middy, England UB7 7BY
Tel. (44) 895-431-471
Fax (44) 895-422-565

Stichwortverzeichnis

Aktivität 36
Amphitheater und Scheinwerfer 205
Analogien 109–114
–, Übungen 110ff.
Atmung 147
Augenkontakt 24–29
–, Übungen 24f., 26f., 28
Ausdruck, nonverbaler 19f.
Auszeichnungen, Entgegennahme von 193–197
–, Übungen 194, 196
Auszeichnungen, Überreichen von 190ff.
Autocue 205
Autorität 15–23

Betonung 46
Beweis, emotionaler 61–71
–, logischer 61–65, 72–75
Blickrichtung 149

Carnegie, Dale 121
Charisma 18f.

Dank an den Redner 186–189
–, Übungen 189

Demonstrationen 132ff.
–, Übungen 133f.
Details erkennen 22
Direkte Rede 148f.
–, Übungen 149
Dolmetscher, Umgang mit 198–204

Emotionen 165–170
–, Übungen 170
Energie aufbauen 40f.
– ausstrahlen 38–42, 46
–, Übungen 38ff., 41f.
– strömen lassen 30f.
Enthusiasmus 18, 40
Erfahrungen, eigene 54–58, 93ff.
Expertenzitate 75

Feedback, positives 28, 32, 37, 41, 60, 70, 113, 126, 134, 152, 170, 189, 195
Fragen 120–126
– mit »Handzeichen«-Antworten 123f.
– mit verbalen Antworten 124f.
– und Antworten 174

211

Stichwortverzeichnis

–, internalisierte 122
–, Übungen 126
Führungspersönlichkeit 19

Gehen, Auf und ab Gehen 30
–, zweckbewußtes 34–36
   –, Übungen 35f., 37
Geschichten 102–108
– in der Rede 104ff.
–, Struktur 102
–, Übungen 106
Gestik 43–49
–, Arme 47
–, Gewohnheiten 44
–, Übungen 48
–, Videoaufnahmen 43f.
Glaubwürdigkeit 18, 175f.
–, Übungen 176

Handbewegungen 22
Handlungen, zielgerichtete 34, 37
Humor 171f.
–, Übungen 172

Konsekutivdolmetschen 203
Körperhaltung 30
–, Übungen 31ff.

Lautstärke 144f.
–, Übungen 145f.

Mikrofon 150ff.
–, Übungen mit 150f.

Mimik 43–47
–, Übungen 45

Notizbuch 21, 23, 29, 32, 37
Notizen verwenden 83ff.

Pausen 139ff.
–, Schrägstrichtechnik 140f.
–, Signalkarten 141
–, Übungen 140f., 146
Publikum einbeziehen 127–130
–, Übungen 129f.

Rede, Aufbau 61–65
–, Aussage 62–65, 76–79
–, Einleitung 89–92, 117ff.
–, Fragen in der 120–126
–, Improvisation 93–101
–, Komposition 155, 160–163
   –, Übungen 160f.
–, Schwerpunkt 155
–, Strukturierung 80–85, 104
–, Übungen 58, 67–70, 78f., 82f., 91f., 95–101
–, Versprechen in der 135
Referenzen als Beweise 74

Simultandolmetschen 203
Statistiken als Beweise 72ff.
Stimme 19f.
Stimmenimitation 148f.
–, Übungen 149

Stichwortverzeichnis

Tonhöhe 142ff.
–, Übungen 142, 144, 146

Überleitungen 161, 164

Verbindungen knüpfen
 206f.
Versprechen 135–138
–, offene 136
–, Übungen 137f.
–, verdeckte 137

Visualisierung 26
Vorführungen 131f.
Vorkonferenz-Fragebogen
 155, 158ff.
Vorstellung des Redners
 178–185
–, Übungen 184

Worte 20

Zuhörer beeinflussen 19f.

GOLDMANN

Erfolgsstrategien für Frauen

Viola Berendes,
Überlebenstraining für Mütter   13713

Antje-Susan Pukke,
Mehr Erfolg für Frauen   13682

Verena S. Rottmann,
Frauen und Arbeitsrecht   13755

Anne Weinbörner/Udo Weinbörner,
Selbstverständlich selbständig!   13704

Goldmann · Der Taschenbuch-Verlag

GOLDMANN

Gesunder Körper – Gesunder Geist

Hedwig Reichert,
Bade dich gesund!   10380

U. Tschimmel, H. Taphorn, K. Steinbach
Power Walking   13759

Linus Pauling,
Das Vitamin-Programm   13648

Helmut Wandmaker,
Willst Du gesund sein?   13635

Goldmann · Der Taschenbuch-Verlag

GOLDMANN

Mann, Frau, Kind –
Probleme in der Familie

Dennis Danziger, Die Kunst, ein guter Vater zu werden   12301

Barbara Franck, Mütter und Söhne   11420

Barbara Franck, Ich schau in den Spiegel und sehe meine Mutter   11416

Libby Purves, Die Kunst, (k)eine perfekte Mutter zu sein   11500

Goldmann · Der Taschenbuch-Verlag

GOLDMANN

Zwischenmenschliches

Ulrike M. Dambmann,
Liebe, Haß und Aufbegehren   12486

Warren Farrell, Warum Männer so sind,
wie sie sind   11700

John Gray, Männer sind anders.
Frauen auch.   12487

Deborah Tannen, Du kannst mich
einfach nicht verstehen   12349

Goldmann · Der Taschenbuch-Verlag

GOLDMANN TASCHENBÜCHER

Das Goldmann Gesamtverzeichnis erhalten Sie im Buchhandel oder direkt beim Verlag.

Literatur · Unterhaltung · Thriller · Frauen heute
Lesetip · FrauenLeben · Filmbücher · Horror
Pop-Biographien · Lesebücher · Krimi · True Life
Piccolo Young Collection · Schicksale · Fantasy
Science-Fiction · Abenteuer · Spielebücher
Bestseller in Großschrift · Cartoon · Werkausgaben
Klassiker mit Erläuterungen

∗ ∗ ∗ ∗ ∗ ∗ ∗ ∗ ∗ ∗

Sachbücher und Ratgeber:
Gesellschaft / Politik / Zeitgeschichte
Natur, Wissenschaft und Umwelt
Kirche und Gesellschaft · Psychologie und Lebenshilfe
Recht / Beruf / Geld · Hobby / Freizeit
Gesundheit / Schönheit / Ernährung
Brigitte bei Goldmann · Sexualität und Partnerschaft
Ganzheitlich Heilen · Spiritualität · Esoterik

∗ ∗ ∗ ∗ ∗ ∗ ∗ ∗ ∗ ∗

Ein SIEDLER-BUCH bei Goldmann
Magisch Reisen
ErlebnisReisen
Handbücher und Nachschlagewerke

Goldmann Verlag · Neumarkter Str. 18 · 81664 München

Bitte senden Sie mir das neue kostenlose Gesamtverzeichnis

Name: _____

Straße: _____

PLZ / Ort: _____